엿보고 싶은
아름다운 한옥
스물다섯 집

일러두기
이 책은 2007년부터 최근까지 월간 〈행복이가득한집〉에 연재되었던 기사를 단행본으로 묶은 것입니다.
단행본으로 엮으면서 게재 순서를 달리했으며, 경우에 따라 현재 모습과 다를 수 있습니다.

이 도서의 국립중앙도서관 출판시도서목록(CIP)은 서지정보유통지원시스템 홈페이지
(http://seoji.nl.go.kr)와 국가자료공동목록시스템(http://www.nl.go.kr/kolisnet)에서
이용하실 수 있습니다.(CIP제어번호: CIP2014016056)

한옥, 구경

〈행복이가득한집〉 편집부

*design*house

한옥이 좋다!

대단지 아파트를 필두로 '양옥'이라 부르던 서양식 주택이 유행처럼 번지던 과거에 한옥은 그저 불편하고 촌스럽기만 한 집의 대명사였습니다. 하지만 최근에는 한옥이 아파트보다 조금 불편하긴 해도 오히려 그 불편함이 한옥의 더 큰 장점을 얻기 위한 것임을 아는 이들이 많아졌습니다. 문화를 향유할 줄 아는 소수가 선택한 집, 남다른 감각과 취향을 가지고 사는 고급 집의 대표주자가 되었다고 해도 과언이 아닙니다. 어쩌면 그래서 더 들여다보고 싶은지 모르겠습니다. 세상 가장 재미난 것이 남의 집 구경인데, 그 중에도 '한옥 구경'이라니요!

창간 이후 한국적인 것의 힘을 꾸준히 이야기해온 〈행복〉은 지금처럼 한옥 열풍이 일기 한참 전부터 전국의 아름다운 한옥을 찾아 지면에 소개해왔습니다. 한옥의 미학과 과학에 관한 한 할 얘기는 참 많습니다. 우선 한옥은 종이, 나무, 흙, 돌, 한지 같은 자연적인 소재로 지어 어떤 형태의 집보다 건강한 집입니다. 또 난방을 위한 온돌과 냉방을 위한 마루가 결합되어 겨울에는 따뜻하고 여름에는 시원한 기능적인 집이고, 기와와 처마의 우아한 곡선, 섬세한 창살과 문살, 나아가 마당이 품고 끌어들인 자연까지 하나로 어우러진 건축이라는 점에서 미학적으로도 돋보이는 집이지요.

이 책은 근간에 〈행복〉에서 취재한 보석 같은 한옥 스물다섯 채를 추려 묶은 것입니다. 한 칸 살림집부터 열여섯 칸 호텔까지, 한옥의 수수하고도 우아한 매력에 빠져 자신의 삶에 들인 이들의 이야기입니다.

"한옥에서의 평범한 일상 속에서 나는 집이 어떻게 땅과 관계를 맺는지 알았다. 사람의 삶을 보호하는 것이 집의 중요한 본질 중 하나임을 깨달았고, 마당이 자연의 한 조각을 가져다, 나 혹은 우리 가족과 하나로 연결해줌을 알았다"는 건축가 조정구에게 한옥은 '포근한 집'입니다.

"한옥은 자연주의 건축이다. 시멘트 대신 원목을 쓰고, 기와는 선의 아름다움을 살려준다. 개방된 외기와 내기가 늘 소통하기에 그 운치를 즐기면서 산다는 것 자체가 큰 즐거움이다"라는 한국 내셔널트러스트 김홍남 대표에게 한옥은 '즐거운 집'이고요.

"한옥은 규모는 작아도 내적인 공간이 넓다. 한옥에선 방의 구분이 따로 없다. 그곳은 이불을 깔면 베드룸, 상을 차리면 다이닝룸, 가족들이 윷놀이를 하면 리빙룸이 된다. 선조들의 지혜로움을 엿볼 수 있는 공간이다"라는 이탤리언 레스토랑 '나무와 벽돌' 윤영주 사장에게 한옥은 '지혜로운 집'입니다.

그뿐 아닙니다. 전통을 제대로 지켜 지은 완성도 높은 명문 고택이 있는가 하면, 양옥과 한옥을 연결한 살림집도 있고, 병원, 찻집, 식당, 갤러리, 호텔 등 상업 공간으로 멋지게 쓰이는 유연한 한옥을 만나기도 합니다.

이렇게 각기 다른 색깔로 진화한 한옥 스물다섯 채를 찬찬히 들여다보세요. 누마루에 앉아 부드러운 저녁 바람을 느껴보기도 하고, 가로로 길게 낸 창으로 저만큼 바라보이는 산봉우리의 기운을 받기도 하고, 한지 바른 방 안에 앉아 은은한 묵향에 젖어도 좋습니다. 그렇게 구경하다 보면 남의 집만 같았던 한옥이 한 뼘쯤 친근하게 느껴질 테고, 한옥의 거부할 수 없는 매력에 빠져 나만의 한옥을 짓고 살고 싶다는 생각을 하게 될지도 모릅니다.

혹시 아나요? 훗날 여러분의 멋진 한옥이 〈행복〉에 소개되는 날이 올지 말입니다.

〈행복이가득한집〉 편집장 구선숙

contents

한옥이 좋다! … 4

건축가 조정구의 뿌리 내리는 집 이야기
아이가 구멍 낸 문풍지 사이로 가을 햇살이 들어온다 … 8

설치미술가 박실 씨의 가회동 한옥
찬찬히 들여다볼수록 감동하는 집 … 24

한국 내셔널트러스트 김홍남 대표
묵향 은은한 한옥에서 펼쳐지는 인생4악장 … 34

학고재 우찬규 대표의 한옥 예찬
3대가 함께 사는 '삼호당'에서 자연과 더불어 사는 기쁨 … 48

푸드 코디네이터 황규선 씨의 서촌 일기
추억으로 시작해 희망으로 살아나는 집 … 58

밝음을 안고 있는 마당, 단독주택 '함양재'
양옥 더하기 한옥, 한옥 곱하기 양옥 … 68

대구 삼덕동에 사는 외과 의사 임재양 씨
한옥 병원과 건강 빵집의 행복한 동거 … 82

궁중음식연구원 한복려 원장의 원서동 한옥
내 어머니 부엌처럼 따뜻한 집 … 98

김병종·정미경 씨 부부의 퇴촌 한옥 '함양당'
은행나무 아래에서 펼쳐지는 '행단일기杏壇日記' … 110

부산시립미술관장 조일상 씨의 한옥
오래된 것에 대한 존경, 그 마음 가득한 시골집 … 120

이탤리언 레스토랑 '나무와 벽돌' 윤영주 사장
가회동 31번지 무무헌無無軒. 지나가는 사람도 배려하는 마음 … 130

기쁘고 즐거운 모임이 있는 곳, 가회동
전통은 지키되 진화된 한옥 … 140

오옥순 씨의 아름다운 집, 오가헌五街軒
다섯 가지 아름다움을 즐기는 그곳 … 154

영원무역 대표 성기학 씨의 창녕 아석고택
꽃은 피었다가 지고 스러졌던 옛집은 다시 피어나네 … 166

하회마을 명문 고택 북촌댁
선대가 쌓은 덕을 후대가 공들여 잇는다 … 176

가회동 31번지 미음 갤러리
대청마루에 앉아 북촌의 정취를 만끽하세요 … 186

통의동 사진 전문 갤러리 류가헌
한옥에서 배운 더불어 사는 삶 … 196

소목장 심용식 씨의 청원산방
그 누가 창호를 빼고 한옥의 아름다움을 논할 수 있으랴! … 206

전통문화 체험 공간, 국민대학교 명원민속관
바람이 주인이고 사람은 객이라네 … 224

전통 가구를 집대성한 한국가구박물관
세계인의 박물관으로 비상하다 … 234

조주립 씨의 가회동 청춘재
한 번쯤 머물다 가고 싶은, 꿈꾸는 사람들을 위한 한옥 … 248

아소재 엄윤진 씨의 자연스럽게 살아가기
'살기' 위한 집, 스스로 충만해지는 삶 … 260

부티크 한옥 호텔 취운정
흙을 밟고 사색하는 여유, 은둔하듯 기거하는 묘미 … 272

아름지기에서 지은 경남 함양한옥
전통과 현대, 한옥에서 어우러지다 … 286

최초의 한옥 호텔, 경주 라궁
임금이 된 듯 누리는 하룻밤 호사 … 296

건축가 조정구 씨의 집 풍경.
문풍지는 개구쟁이 사내 녀석들 활약 덕에 온전히 남아 있지 못한다.

건축가 조정구의 뿌리 내리는 집 이야기

아이가 구멍 낸 문풍지 사이로
가을 햇살이 들어온다

잠시 소풍 삼아 풍광과 운치를 즐기며 눈 호사하고 지나치는 한옥이 아니라, 혹은 하루 이틀 손님으로 머물다 가는 것도 아닌 1년 365일 생활하는 한옥은 어떤 맛일까? 도시형 한옥을 여럿 설계하고 그 자신 역시도 서대문 근처 한옥에서 살고 있는 건축가 조정구 씨에게 한옥에 사는 참맛에 대해 들어보았다. 계절에 따라 집과 사람 사는 모습이 함께 변하고, 서로 반응하고 소통하는 그의 집은 물리적 거주 공간 이상으로 든든한 삶의 뿌리가 되었다.

기단 아래 떨어져 놀던 햇빛이 어느새 마루, 안방으로 올라와서는 가을이 왔음을 알린다.

건축은 참으로 귀한 직업이다. 세상에 없던 공간과 조형을 작품처럼 창조하여 그런 것이 아니다. 의학이 소중한 생명을 다루어 존엄성을 얻듯이, 건축은 사람들의 삶, 거주라는 소중함을 다루어 그 귀함을 얻는다. 조용한 스승은 나에게 이렇게 가르쳤다. '건축에 너를 드러낼 필요는 없다. 공간은 스스로 사람들과 무덤덤하게 마주하는 것이다'라는 귀중한 진리를 그는 말없이 보여주었다.

한옥과의 첫 만남

2003년 3월, 낮술로 발갛게 얼굴이 달아 걸으면서도 숨이 차던 부동산 사장님은 말했다. "참, 이 집이 위치도 좋고 값도 다 괜찮은데, 문제는 한옥이라서…" 나와 아내는 그 말을 듣고 서로 눈길을 주고받았다. 마음이 기대로 벅차올랐다. 작은 골목들을 굽이돌아 조금 넓은 골목에 이르자 한 채의 한옥이 나타났다. 붉은 벽돌로 처마 밑까지 내달은 문간채에, 앞집에 펼쳐진 팔작지붕에 비하자면 너무도 조용한 모습을 하고 선 한옥이었다. 삐거덕거리는 대문을 열고 들어서자, 회색의 메마른 마당이 나타났다. 얼마간 사람이 살지 않은 모습에, 같이 온 사장님은 호스를 틀어 마당 시멘트 바닥에 괜한 물을 주었다. 그러자 신기하게도 집은 살짝 윤기를 띠며 마른 잠에서 깨났다.

"집주인이 딸한테 살아보라고 싱크대도 놔주고 한참 공사를 하던 판이었는데 그 집 따님은 죽어도 한옥에선 못 산다고 한 모양이야." 겨울에는 꽤 추웠던지 유리문 뒤로 합판과 단열재가 덧대어져 있었다. 대청엔 화려한 식물 장식을 한 등이 대들보 아래에서 서까래를 비추었다. 건넌방에 들어섰다. 어둑어둑할 것이라 짐작하고 들어선 순간, 하얀 빛을 비추는 창호지 살문 여덟 짝이

눈이 내린 어느 겨울 날의 마당. 한옥은 겨울이 추운 편이지만 본래 겨울은 추운 것이 당연하며,
내복을 입고 겨울답게 생활하는 것으로 가뿐히 지난다.

벽면 하나에 가득했다. 안에서 보이지 않는 문살들은 빛을 받아 그림자로 제 몸을 드러냈다. 건실하게 서 있는 집 안으로, '세상의 것 같지 않은 풍경'이 펼쳐져 있었다.

집과 알아가기

아파트 생활을 정리하고 한옥으로 이사 오면서 작은 공사를 하였다. 욕실 하나를 안채에 두고, 안방에서 부엌, 문간방을 통하게 했다. 창문들을 조금 바꾸고, 마당엔 오석烏石을 깔고, 나무로 된 기둥, 보, 창 등의 나무는 새살이 나오도록 표면을 1~2mm 정도 '깎기'를 한 후 칠을 새로 했다. 하지만 예전의 함석 차양도, 장독대도, 그닥 튀지 않는 바깥의 붉은 벽돌벽도 그대로 두었다. 합판을 친 벽에 숨겨진 창들도 찾아 다시 썼다. 여유가 없어 그리했지만, 별로 손을 대지 않은 덕분에, 40여 년 된 집의 정취를 지킬 수 있었다. 지금 생각하면 너무도 다행한 일이다.

처음 며칠간은 웃지 못할 일이 많았다. 근처 사우나에서 새벽에 물 대는 소리가 너무도 크게 들려왔다. 신새벽 툇마루에 앉아 마당으로, 차양으로 튀어 떠다니는 소리들을 원망했다. "원래 이사를 가면 모르던 소리에 예민해져. 근데 금방 익숙해지지." 며칠 후 아는 교수님이 그런 말씀을 해주셨다. 그러자 신기하게도 그날 밤부터 아무 일도 없는듯 편하게 잠을 잘 수 있었다.

"남우 어딨니? 우리 남우 어딨어?" 마당을 둘러 l자와 ㄱ자로 생긴 집은 구석구석 아이가 숨어 놀기에 정말로 좋았다. 이를 보니 옛날 어렸을 적 내가 경험했던 시골 평택 큰집 생각이 났다. 10형제를 두고 방앗간을 하시던 할아버지의 집이었는데, 설날이나 추석 같은 명절에 내려가면 차가운 마룻바닥과 뜨거운

위 왼쪽·오른쪽 : 남우와 순우가 침대에서 신나게 뛰어내리고 있다.
층간 소음을 걱정하지 않아도 되고 숨을 곳 또한 많은 한옥은 아이들에게 멋진 놀이터다.
아래 : 한옥에 살다 보면 계절마다 드는 해의 변화를 실감하게 된다. 여름에는 어느 방향으로
어느 기둥까지 해가 들었는지, 겨울에는 또 어느 마루까지 해가 들었는지 매일의 일상이 보여주기 때문이다.

방바닥을 10여 명의 사촌들과 누비며 신나게 놀고는 했다. 그처럼 세 살 남우에게도 우리 집은 커다란, 너무도 커다란 놀이터가 되었다.

일상에서의 깨달음

보슬비가 오면 정확히 기단 아래로 마당이 고요히 젖어 들었다. 해가 지고 어둠이 내린 저녁이면 고고히 안에서부터 빛을 내며 창문들이 서 있다. 장마가 오면 심장이 울릴 정도로 큰 빗소리가 온 집 안을 가득 채웠다. 겨울 어느 날 자고 일어나니 마당 하나로 흰 눈이 가득했다. 잭 키츠의 그림 동화 〈눈 오는 날〉의 피터처럼 우리들은 신나게 나가 눈을 치며 놀았다.

이사하고 얼마 지나지 않아서는, 모기장이 없어 남우 얼굴이 싸움 끝난 권투 선수 얼굴이 되어버렸다. 그 후로 여러 가지 모양으로 더욱 효과적인 모기장을 연구하고 있다. 또한 여름이면 빼놓지 않고 고무 풀을 꺼내 마당에서 물놀이를 한다. 낮에는 아이들과 아이의 친구들이, 밤에는 내가 들어가 물놀이를 한다. 한옥에서의 이러한 평범한 일상 속에서 나는 집이 어떻게 땅과 관계를 맺는지 알았고, 거친 자연 환경 속에서 사람의 삶을 보호하는 것이 집의 중요한 본질 중 하나임을 깨달았다. 마당이 자연의 한 조각을 가져다, 나 혹은 우리 가족과 하나로 연결해줌을 알았다. 거기에는 다른 이의 시선도, 어떤 잣대도 없는 벌거벗은 자신과 자연의 만남이 있었다. 계절에 따라 필요한 이것저것을 붙이고 떼는 동안에 집과 우리 가족의 관계는 깊어지고, 평범한 도시 한옥은 세상에 하나밖에 없는 '우리 집'이 되었다.

위·아래 : 막 이사를 왔을 때의 남우와 강아지 두기. 그리고 3년 후 똑같은 장소에서 다시 사진을 찍었다.

삶은 불어가는 것

이사 온 그해 겨울 강아지 '두기'가 들어왔다. 곧 둘째 순우가 태어나 아내는 산후 조리를 안방에서 했다. 그리고 다시 27개월 후, 셋째 연우가 태어났다. 세 식구가 몇 년 사이에 다섯 식구, 아니 두기까지 여섯 식구가 된 셈이다. 아이들이 태어나고 자라는 모습을 보면서 '삶은 불어가는 것'이라는 매우 보편적인 진리를 깨닫게 되었다.

어디 식구들만의 일일까? 2004년 봄에는 지인의 아버님이 나무를 주어 감나무를 심었다. 국회의원 선거 날 들어온 대봉시가 열리는 감나무에 우리는 '민주'라는 이름을 붙여주었다. 제자가 가져다준 배 모양 분재부터, 감나무와 같이 온 연산홍, 밤에 솔솔 나는 향이 좋다고 아끼던 것을 주신 '돼지 칠' 사장님의 야래향, 동사무소에서 나누어 준 매실나무 등등. 집 안에서는 식구들이 늘어날 때, 마당에도 풍성하게 자연의 식구들이 불어갔다.

가끔 TV에 나오는 연예인들의 집이나 아파트 모델 하우스, 때로는 새로 지은 한옥에서 가끔 너무도 세련되고 군더더기 없이 정리된 모습을 볼 때 나는 생각이 많아진다. 여러 사람에게 보이려니 그러하겠지만, '물건들을 골라 맞추고 정리하는 일에 애를 쓰지만 정작 사람과 생명이 자유로이 누릴 공간의 여지는 사라진 것이 아닌가' 의문을 갖게 된다.

우리 집은 내 건축의 기점

우리 집을 와본 사람들의 반응은 크게 두 가지다. "아, 역시 한옥이 참 좋구나!" 하는 분들이 있는가 하면, 조용히 우리 집사람을 불러 "한옥 사시는 것 불편하지 않아요?"라며 걱정해주는 분이 있다. 아내의 표현을 빌리면, 자꾸 아

오석을 깐 마당은 조정구 씨 가족에게 사계절 다른 즐거움을 주는 놀이터다.

들을 보고 "딸이면 참 좋지 않아요?" 하는 것 같단다. 아들은 딸과 당연히 다르고 아들 자체로 소중한 자식인 것처럼, 한옥은 아파트나 빌라와 다를 수밖에 없고 그 자체로 이미 사랑하고 아끼는 집이다. 불편한 점이 없을 수 없지만 사람들이 생각하는 만큼은 아니다. 거기에 '건축가가 사는 한옥'의 기대감을 더한 분들이 실망을 하는 듯하다. 어디 하나 세련되게 디자인하거나, 전통 가구로 장식한 부분이 없기 때문이다. 하지만 이러한 가미되지 않은 '무덤덤함'이 우리 집이 나에게 주는, 혹은 내가 사람들에게 전하고픈 메시지다. 마당으로 자연을 품고, 따스한 나무얼개로 우리 가족을 감싸 안은 집. 공간도 조형도 자신을 드러내지 않으나, 삶은 그 안에서 자연과 같이 더욱 풍성해지는 집이 있음을 말하고픈 것이다.

나는 우리 집의 각 부분들의 크기가 어떠한지, 그 공간감은 어떠한지, 또 아침과 저녁으로 혹은 봄·여름·가을·겨울로 대략 어떤 모습으로 변하는지 알고 있다. 우리 집으로 들어서는 골목의 길이와 넓이, 주변 한옥들과 다른 골목의 느낌을 잘 알고 있다. 어떤 설계가 시작되면, 그것이 한옥이건 아니건 우리 집, 혹은 우리 골목과 집을 대입하여 그 장소의 크기를 음미한다. 더 작은 세부에 이르러서 방이 어떠한 느낌이 될지도 우리 집에 근거하여 판단한다. 어떻게 보면 답답하고 딱할 정도의 끈기를 가지고 우리 집을 그 가상의 공간에 넣어보고, 생각하고 또 생각한다.

그간 수년에 걸쳐 설계한 한옥 호텔 경주 '라궁'이 최근 완성되어 많은 분들이 관심을 보이고 있다. 그 개념과 설계가 도시 한옥을 바탕으로 하였다는 말에 사람들은 의문을 품는다. 궁궐 같은 휴식 공간 혹은 화려한 전통 공간을 꾸미면서 왜 하필이면 평범한 도시 한옥인가 하고. 사람들은 전통 한옥의 외양과

아늑한 불빛이 새나오는 아름다운 한옥의 저녁 풍경.

격식에 주목하지만, 내가 전하고 싶은 것, 혹은 내가 알고 있는 인식의 우물에서 퍼낼 수 있었던 것은, '우리 가족을 품고 있는 작은 도시 한옥이고 내가 기억할 수 있는 깊은 편안함'에 기인한다.

얼마 전까지 기단 아래 떨어져 놀던 햇볕이 맑은 얼굴을 하곤 대청에 들어와 말했다. '저 가을인데요.' 나도 속으로 대답했다. '음, 또 왔구나. 반갑다.' 이 집에서 처음 보았던 빛나는 창들이 여전히 새벽이면 아직도 잠에 빠져 있는 식구들 뒤로 훤히 비치고 있다.

'아, 나의 소중한 가족들, 그리고 나의 집이여!'

구가도시건축 조정구 소장이 전하는
한옥을 꿈꾸는 이를 위한 조언

한옥에 살고 싶기는 하지만 무엇을 어떻게 알아보아야 할지 막연할 수 있다. 어디에 한옥이 남아 있는지, 어떤 기준으로 한옥을 골라야 하는지, 한옥에 살려면 어떤 마음가짐이 필요한지 등. 우선 한옥 밀집 지역으로 유명한 북촌이 아니고서도 옥인동, 용두동, 사직동과 같은 서울의 구도심에는 아직도 한옥이 꽤 있다. 경복궁의 서쪽, 서울 도성 안쪽으로는 군데군데 한옥이 여럿 남아 있는 편. 한옥 주위에 높은 건물이 있으면 조망권과 생활권을 해치므로, 한옥이 몰려 있는 지역의 집을 구하는 것이 좋고, 큰길에서 너무 멀지도 가깝지도 않은 곳이 좋다. 큰길에서 가까우면 변화를 많이 타고, 너무 멀면 생활이 불편하다.

마음에 드는 한옥을 발견하면 도심 재개발이나 뉴타운 개발에 의해 없어질 우려는 없는지 확인해보아야 한다. 집 자체로 보았을 때는 대청 대들보의 앞뒤 기둥 사이가 넓은 집이 좋다. 이처럼 속 깊이가 깊어야 덩치 큰 가구가 수월하게 들어가고 공간을 활용할 수 있는 여지가 생긴다. 창호나 기둥이 많이 틀어지지 않고 반듯하게 서 있는지도 확인한다. 한옥에 살면 불편할 것이라 막연히 생각하지만 약간의 보수를 하면 큰 어려움은 없다. 겨울엔 조금 춥지만 겨울은 본래 추운 것이며, 이는 내복으로 충분히 견딜 수 있다. 사람들이 한옥에 살기를 주저하는 가장 큰 이유는 불편함보다는 오히려 재테크와 같은 다른 데 있는 듯하다. 주차가 쉽지 않다는 것은 감수해야 한다.

마당을 공들여 마감한 덕분에 더욱 섬세하고 깔끔한 멋이 우러난다.

설치미술가 박실 씨의 가회동 한옥

찬찬히 들여다볼수록
감동하는 집

마당으로 꽃과 나무, 창밖으로 하늘을 담는 집, 한옥은 박실 씨가 좋아하는 지피식물의 꽃과 닮았다. 땅에 붙어사는 지피식물의 작디작은 꽃은 가만히 들여다보아야만 제 매력을 보여준다. 크고 화려한 서양 꽃처럼 단번에 시선을 끌지는 않지만 웅크리고 앉아 들여다볼수록 알게 되는 경이로움이 있다. 한옥도 그처럼 시간이 지날수록, 찬찬히 살면서 볼수록 감동하게 되는 집이다.

한옥이지만 머물다 가는 사람이 불편함이 없도록 TV와 노트북 등을 갖춰놓았다.
나무와 한지로 마감한 장을 만들어 그 안에 TV를 설치, 사용하지 않을 때에는 문만 닫으면
깔끔하게 정리되도록 했다. 장 위로 서까래 천장까지 공간을 터서 답답하지 않도록 했고,
그 사이 공간에 조명을 설치해 밤이 되면 나무 서까래 아래로 은은한 불빛이 비치도록 했다.

설치미술가이자 인테리어 디자이너, 스타일리스트로 열정적으로 활동하고 있는 박실 씨. 그가 가회동에 작은 한옥을 꾸민다는 소식을 들었을 때, 설치미술가의 한옥은 과연 어떤 모습일지 궁금해졌다. 그러나 그 완성된 모습을 보기까지는 실로 한참이 걸렸다. 이런저런 사정으로 공사가 중단되기도 하고, 점 찍어두었던 주방가구가 제 때 들어오지 못하고, 아직도, 그리고 또 아직도 계속 미완성이었다. "아직 방석이랑 이불을 못 했는데, 어쩌지요?" 궁금증이 1년의 시간을 채워갈 때쯤 2%의 미완성은 우선 눈감아두기로 하고 그의 작은 한옥을 찾아갔다.

조금만 방심해도 길을 잃게 되는 가회동 골목, 번지수로 간신히 그의 한옥을 찾아 삐거덕거리는 대문 안으로 들어섰다. 긴 기다림에 보람을 느낄 만큼, 박실 씨 한옥의 첫인상은 참으로 고왔다. "우리처럼 작품 하는 사람들은 디테일에 대한 고집이 만만치 않잖아요. 결국 기둥부터 서까래, 대들보 위치, 주방 붙박이장과 아일랜드 주방 높이, 문살 종류까지 모두 직접 재고 그림 그리면서 정했어요." 30평 대지에 들어선 ㄴ자형 작은 한옥은 어느 구석 하나 허투루 만들어진 곳이 없다. 한옥 건축가에게 일임하여 맡긴 여느 도시형 한옥과는 달리 어느 면, 어느 방향에서 보아도 깔끔하고 담백하게 마무리된 가운데 은근한 개성과 표정이 드러난다.

에어컨과 TV를 감쪽같이 숨긴 담백한 한옥

그가 이 한옥과 처음 인연을 맺게 된 것은 2년 전. 당시 이 집은 개화기 양식이 뒤섞여 있는 시대 불명의 한옥에, 집주인이 세를 주기 위해 덧대어 지은 방이 불쑥 들어선 기형적인 모습이었다. 박실 씨는 이를 거의 새로 짓다시피 하여 고쳤

위 : ㄴ자형 한옥에서 안방에 해당하는 부분. 한지 등, 옛날 책상인 서안, 원형 나무 오브제 등 집주인의 감각으로 매치한 소품이 담백한 공간에 운치를 더해준다. 창으로 들어와 부서지는 햇빛이 무척이나 곱다.
아래 : 정갈하고 담박한 멋이 돋보이는 이 한옥에서 컬러풀한 모던 의자는 경쾌하고 참신한 악센트가 된다.

는데, 마치 조각 작품을 만들 때처럼 구석구석 애정을 담아 완성해갔다. 대청마루 바닥에는 5cm 두께의 홍송을 우물마루 방식으로 깔고, 바깥으로 향한 창문은 문살 모양을 살린 이중 유리창을 달았다. 겨울 추위를 대비해 안쪽 창에는 페어 글라스를 사용했다. 천장은 내부에서 서까래가 시원스럽게 보이도록 텄고, 주방에는 편리하면서도 한옥의 정갈함을 해치지 않는 현대적인 주방 가구를 매치했다. 건넌방에는 TV나 노트북 같은 첨단 기기를 장 속에 숨겨 설치했고, 여름 한철 잠깐 쓰고 마는 에어컨도 수납장 맨 위 칸에 감쪽같이 감추었다.

"이 한옥은 세컨드 하우스로 쓸 예정인데 누가 머물다 가든 불편함이 없도록 현대적인 시설을 갖추었어요. 와인 냉장고까지 갖춘 주방에, 욕실에서 샤워도 할 수 있고, 어느 방이든 랜 선만 꽂으면 인터넷도 마음대로 쓸 수 있지요. 이런 장치들이 한옥의 멋을 해치지 않도록 숨기고 조화시키느라 아이디어를 많이 짰지요. 또 한옥이 밀집된 가회동이기에 발생하는 한계를 제 나름대로 보완해보았어요. 대청마루 뒤쪽의 창을 열면 바로 옆집의 담인데, 그 공간을 삭막한 벽으로만 남겨두지 않고 화초나 오브제를 전시하여 창을 열어도 흉하지 않도록 했답니다. 그리고 아스팔트로 뒤덮인 대문 바깥 길목에는 우리 집 담을 60cm 안으로 후퇴시키고 대신 그 자리에 꽃나무들을 심었어요." 남천, 오죽, 불두화, 산수국이 사이좋게 서 있는 이 집의 담벼락은 가회동의 천편일률적인 무뚝뚝한 담벼락과 달리 아기자기한 정겨움으로 '우리 집에 놀러 오라'고 말을 건다. 예술가 아니랄까 봐 집 구석구석 예민한 더듬이로 감지한 귀한 배려가 숨어 있다. 조명 스위치 하나 그냥 달지 않은 것이다.

위 : 나무 문살 너머로 보이는 바깥 풍경은 그가 한옥에서 가장 좋아하는 모습 중 하나다.
바깥쪽 문은 종이 창호 대신 유리 창호를 선택해 추위를 대비했다.
아래 : 담을 안쪽으로 후퇴시키고 그 자리에 나무를 심었다.
자신의 공간을 양보하여 행인을 위한 풍경을 만든 셈.

담을 후퇴시키고 나무를 심다

그가 가장 공을 들인 것 중에서 마당을 빼놓으면 섭섭하다. 서울답지 않은 고요함 속에 가만히 앉아 있으면 '또옥, 또옥, 또옥' 어디선가 물 떨어지는 청명한 소리가 들린다. 바로 마당의 낡은 펌프에서 한 방울씩 물이 떨어지는 소리다. 옛날 1960~70년대에나 사용하던 낡은 펌프를 구해 마당에 세워놓고 거기서 조금씩 물이 떨어지도록 해, 청각적인 멋까지 연출하고 있었다. 그 물이 어디로 떨어지는가 하면 다양한 수생식물이 옹기종기 사이좋게 자라고 있는 물확 위다. 이 운치 있는 물확은 지면 아래로 1톤에 이르는 커다란 몸체를 숨기고 있다. 그의 양평 작업실에서 가져온 것으로, 크레인을 타고 기와지붕을 공중으로 넘어오는 난관 끝에 간신히 마당에 안착했다. 물확 뒤로 담을 따라서는 매화, 감나무, 머루, 백일홍 등이 사이좋게 자리 잡고 있다. 앞집 기와지붕을 배경으로 크고 작은 나무와 지피식물이 멋진 조화를 이루니, 잘 모르는 시조라도 한 수 읊어야 할 듯하다. 아무리 감성적인 일을 하는 예술가지만 이 정도의 손길이면 한옥이 처음일 리 없다. "1985년쯤인가, 양평 무두리에 한옥을 마련하고 푹 빠져 살았던 시절이 있었지요. 이곳과는 달리 주변으로 펼쳐진 자연 속에 여유롭게 들어앉은 한옥이었어요. 그 한옥에 거의 주말마다 갔지요. 뜨끈뜨끈한 군불이 좋아 이불이 눌어붙도록 몸을 지지다 오기도 하고, 봄에는 쑥도 뜯으러 가고 오디나무에서 오디를 따다 오디 잼을 만들어서 실컷 먹었어요. 커피를 마시고 다도를 하면서 혼자 있는 시간을 즐기고, 작업에 열중하기도 했지요. 아무튼 주변 환경과 어우러진 편안한 한옥을 참으로 잘 즐겼어요. 그렇게 자연 안에 자유롭게 펼쳐져 있는 한옥도 좋았지만, 이 집처럼 작은 숨결 하나하나가 가까이 느껴지는 한옥도 매력적이에요."

위 왼쪽 : 현대적인 주방 개수대와 한식 창호가 낯선 듯 잘 어울린다.
주방 상판의 돌은 그가 특별히 엄선한 것으로, 돌 표면이 거친 한지의 질감과 닮았다.
선반 왼쪽에 놓인 병 모양 오브제는 그가 파리에 머물 때 만든 작품이다.
위 오른쪽 : 색색의 고운 비단 이불은 한옥에서 쓸 요량으로 특별히 맞춘 것들이다.
이불장 위의 작은 수납 칸에는 에어컨이 숨어 있다. 에어컨은 한옥에 설치할 곳이 마땅치 않아
대들보 위로 보기 싫게 달게 되는 것이 일반적인 사례. 이를 보이지 않는 곳에 적절히 숨긴 지혜가 돋보인다.

기와 위로 눈 내릴 겨울을 기다린다

그는 미술 작업을 하는 사람이지만 건축에 대한 동경이 있다. 파리에 머물던 몇 년 동안, 전시회를 보러 갔다가 미술 작품보다 그것을 담고 있는 건축에 마음을 빼앗긴 적이 여러 번이었다고. 건축물 중에서도 특히 한옥은 단번에 시선을 사로잡기보다는 서서히 마음이 물들어 사랑하게 되는 대상이다. 보와 기둥, 창호, 기와와 담 등 시선을 돌리는 구석구석마다 아름다운 비례감과 구도를 자랑하는 뛰어난 미술 작품이기도 하다. 아니, 아름답다는 차원 이상으로 한국인이라면 그 누구라도 감동하게 되는 본질적인 무엇이 있다. "한옥은 자연과 소통하게 하는 집이에요. 갈라지는 나무 기둥의 틈까지도 멋으로 받아들일 줄 아는 사람만이 한옥에 살 자격이 있지요." 박실 씨는 유난히 생명 있는 것을 잘 보살핀다. 비실대던 식물도 그의 손에만 들어오면 푸르게 되살아난다. 그가 키우던 강아지는 열일곱 살까지 장수하기도 했다. 이 한옥 역시 그의 손에서 오래오래 윤기 나고 생기 도는 집이 될 것 같다. 요사이는 서둘러 한옥의 겨울을 구상 중이다. 짚으로 만든 나무의 옷, 잠복소와 기와지붕 위로 소복이 눈이 쌓일 겨울 풍경을 기대하고 또 준비하고 있다.

아래 왼쪽 : 박실 씨는 이 한옥에 이름을 지어 현판을 걸 계획. 현재까지 강력한 후보에 오른 이름은 한옥의 담백한 멋을 표현한 '담담재'와 그 자신의 이름을 발음대로 담은 '시리재'.
아래 오른쪽 : 작고 예쁜 화장실은 이 집의 매력 포인트. 정겨운 멋의 펜턴트 조명, 돌 소재의 세면대, 모던한 수전, 굵은 대나무 두 쪽으로 연출한 휴지 걸이, 티크목 바닥 등 사소한 것 하나도 그냥 고른 것이 없다.

열린 창호로 하늘을 향해 살짝 올라간 지붕 선과 인왕산 자락이 겹겹이 걸쳐있다.
삼청동 일대와 청와대가 내려다보이는 전망이 사계절의 아름다운 경치를 보는 즐거움을 더해준다.

한국 내셔널트러스트 김홍남 대표

묵향 은은한 한옥에서
펼쳐지는 인생4악장

한옥에서는 향기가 발산된다. 켜켜이 쌓인 선조의 지혜가 세월을 두고 그 고아古雅한 내음을 천천히 뿜어낸다. 집을 지은 지 채 서른 날도 되지 않았던 날, 잰 마음에 당호가 무엇인지 물었다. "천천히요. 집을 좀 숙성시켜야죠"라는 집주인의 현답이 돌아온다.

창호 문을 열어놓으면 바람결에 서걱대며 들려오는 대나무 잎사귀 소리는 한옥과 자연이 주는 합작 선물이다.

한적하기만 할 줄 알았던 주말 오전, 인왕산과 마주하고 있는 북촌은 골목마다 한옥 탐사를 나온 연인과 가족으로 북적거려 인사동 골목길 못지않았다. 반전과 놀라움의 연속이랄까. 한국 내셔널트러스트의 대표이자 이화여자대학교 미술사학과 김홍남 교수의 새로 지은 한옥을 찾은 날은 예상하지 못한 일이 꼬리를 물고 이어졌다. 육중한 나무 대문이 열리자 김홍남 교수의 한옥이 속살을 드러냈다. 놀라운 것은 겉으로 봐서는 짐작하기 어려운 전통미와 현대적인 실용성이 한데 어우러져 있다는 점이다. 종로구 삼청동 2필지에 지은 이 한옥은 국립중앙박물관 관장으로 재직하던 지난 2001년에 사들여 문인들의 작업실 용도로 사용하는 스튜디오처럼 쓰다가 너무 낡아 헐고 새로 지었다. 한옥 건축가 이문호 씨와 이미 북촌에만 여러 채의 한옥을 지은 경험이 있는 조주립 씨가 짝을 이뤄 지었다. 1960년대에 지은 한옥이라 기와만 재활용했는데 설계는 2005년에 시작했고, 종로구의 건축 허가가 난 것이 2008년 봄이었으며 그해 10월에 상량식(집을 지을 때 기둥을 세우고 보를 얹은 다음 마룻대를 올리는 의식)을 했다.

골동품을 사던 소녀, 병산서원을 꿈꾸다
집이 '이제 다 되었다'라는 느낌은 언제 들었는지 물었다. "정원의 마지막 손질을 마치니 그제야 좀 완성된 기분이 들었어요. 대나무를 심고, 어느덧 돌과 이끼가 자리를 잡았지요. 소나무를 심고 나서 여간 걱정이 많지 않았는데 저렇게 정말 잘 자라주어 얼마나 감사한지요"라고 답한다. 김홍남 교수가 한옥에 애착을 갖게 된 결정적 계기로 '한옥 아낌이 모임'에서 만난 한국 가구 박물관의 정미숙 관장을 소개한다. 수년 전 한옥 붐을 일으킨 주인공이라 소개하며

누마루 공간과 김홍남 관장의 침실 공간.

최순우 옛집의 후원 기금 모임에서 함께 일한 것을 계기로 지금껏 한옥에 관심을 갖게 해준 이라고 한다. 김홍남 교수의 한옥 바라기는 민속박물관과 국립중앙박물관 관장, 지금의 내셔널트러스트 대표 활동에서만 발로한 것은 아니다. 어릴 적 일화를 얘기하며, 인생의 대사건이라고 회고한다. "6학년 때 경주로 수학여행을 갔어요. 불국사에 들어가기 전 친구들은 저 앞으로 막 내달리는데 저 혼자 골동품 가게에 들어갔어요. 그때 돈을 주고 다리가 길고 뚜껑이 달린 고배高杯(삼국시대 토기)를 샀어요." 어머니를 기쁘게 해드리려고 산 선물을 지금껏 보관하고 있다 한다. 그의 어머니는 평생 동안 정원 가꾸기를 즐기신 분으로, 안방에는 늘 그림 작품을 진열해 작은 미술관 같았다고 회상한다. 유년의 이러한 환경과 산지식이 조금씩 움터 지금의 김홍남 교수를 빚은 것이 아닐까. 어릴 적부터 골동품이나 옛 물건 모으기를 좋아한 덕에 초로의 나이에 그 물건들을 제주의 박여숙 화랑에 풀었다는 박여숙 대표의 일화도 비슷한 맥락이리라. '체화體化'란 모르는 사이 어느 순간 나를 만들고, 나를 닮은 집을 짓게 하는 것인지도 모른다.

한옥 처마 선이 물결치는 이곳

나이 예순이 넘으면 생의 남은 기간은 늘 마음속에 품어둔 한옥에서 머물고 싶었다던 김홍남 교수는 애초에 2필지를 합쳐 한 채로 짓고 싶었으나 관의 허가가 나지 않아 두 채를 따로 지었다. 하지만 외관으로 보아서는 상상하기 힘든 김 교수의 아이디어는 바로 두 채의 한옥을 이어주는 지하 공간에 숨어 있다. 두 채가 지하로 연결되도록 설계해 일반 한옥 건축 구조에서는 찾아보기 힘든, 공간과 공간이 계단으로 유기적으로 연결되도록 한 점이다. 집, 그중 한

하얗다 못해 투명하기까지 한 바닥에 한옥의 처마 그림자가 드리워 있다.
전통과 현대가 한 공간에서 어우러지는 절묘한 광경이다.

옥이 인간에게 주는 기쁨을 헤아리면 몇 가지나 될까. 김홍남 대표는 헤아릴 수 없다고 말한다. 단순히 집을 짓고 내 것이 된 소유의 기쁨만이 아니어서 듣는 이도 절로 고개가 끄덕여지는 부분이다. "한옥은 자연주의 건축이죠. 시멘트 대신 원목을 쓰고, 기와는 선의 아름다움을 살려주죠. 개방된 외기와 내기가 늘 소통하기에 그 운치를 즐기면서 산다는 것 자체가 너무 좋습니다"라며 마당 정원에서 누마루의 창호 문뒤로 액자처럼 걸쳐진 인왕산을 바라본다. 겹겹이 겹쳐진 창과 문을 열면 인왕산 자락이, 정원의 대나무가, 한옥 지붕의 아름다운 처마 선을 한눈에 감상할 수 있다. 김홍남 대표는 집에 들어오면 밖으로 나가고 싶은 마음이 들지 않는다고 한다. 생각해보면 바깥에서 누릴 수 있는 즐거움이 집 안에 온전히 갖춰져 있으니 당연한 일인 듯싶다. 이어 그는 생활 한옥은 전혀 불편함이 없게 지을 수 있다며 "겨울철이면 옛날 한옥이 얼마나 추웠어요. 그래서 여자들이 살림하고 살기엔 고역인 집이 한옥이었죠. 또 화장실 쓰기는 얼마나 불편했게요. 요새는 전혀 그런 문제가 없어요. 한옥의 외관과 내관을 전혀 손상시키지 않으면서 현대적 시설을 갖출 수 있기 때문이에요"라고 설명한다. 실제로 부엌 공간은 현대식 주방 설비를 들였는데도 서까래의 원형은 최대한 살렸다. 또 욕실 공간에서는 바깥 공간이 내다보이고 빛이 들어오게 창을 내 고급 리조트 못지않은 분위기를 자아낸다. 설계를 담당한 이문호 소장은 "청와대와 국립민속박물관이 한눈에 내려다보이는 입지가 훌륭한 곳"이라며 한옥의 전통미와 위생, 냉난방, 주방의 현대화가 절묘하게 어우러진 공간으로 꾸몄다고 설명한다. 자연과 벗할 수 있는 한옥의 환상 뒤에 숨은 의구심이 풀어지는 순간이다. 생활형 한옥으로서 주거 환경 개선은 충분히 가능하고, 그 노력은 아이디어와 발상의 전환에서 오는 것이었다. 며칠 전 이곳을

위 왼쪽 : 김홍남 교수의 의외의 면을 발견할 수 있는 공간.
계단을 내려가기 전 벽면 가득 공구와 리사이클링 연장들이 진열되어 있다.
위 오른쪽 : 천장의 서까래를 그대로 살린 부엌.
아래 왼쪽 : 지하 서재 창으로 인왕산 능선이 보인다.
아래 오른쪽 : 댓돌과 풀, 꽃을 심은 정원이 전통미를 더해준다.

찾아 김홍남 대표와 즐거운 대화를 많이 나눴다던 영화감독 이재용 씨는 "가장 인상 깊은 것은 도심 한가운데에 한옥의 전통미와 현대적 공간이 조화롭게 잘 어우러진 점"을 꼽으며, 어느 공간 하나 손길이 안 간 곳 없이 집 전체가 마치 하나의 작품 같다고 평했다.

나의 마지막 보루, 수도원 같은 공간

목수의 작업실, 아니면 건축학도의 실습 공간이라도 되는 걸까? 사랑채 역할을 하는 공간과 복도처럼 이어지는 쪽마루를 지나면 의외의 공간이 나온다. 크기가 제각각인 나뭇조각과 보기만 해도 남성미가 물씬 풍기는 보쉬의 연장통, 게다가 공구 전문 브랜드 블랙앤데커의 작업대까지 갖추고 있다. 계단 벽면에는 마치 전리품처럼 전문가용 연장이 빼곡히 걸려 있어 보는 이를 놀라게 하는데, 아마추어의 호기에 찬 취미 수준이 아님을 짐작하게 한다. 집을 지으며 버려지는 나뭇조각들이 아까워 모으기 시작했다는 김홍남 교수는 자투리 나뭇조각을 직접 재단하고 잘라 새 용도의 물건으로 만든다고 한다. 그것들은 김홍남 교수의 손길을 거쳐 방문을 고정해주는 도어스토퍼로, 벽걸이 조명의 지지대로, 높이가 맞지 않아 못 쓰게 된 창호 문은 바퀴를 달아 파티션으로 만들어 가림막으로 거듭난다. 평생을 학자로 지내면서 종이 위 까만 글줄에서 정신의 흔적만 좇은 듯한 그. 희미한 종이 냄새와 함께 육체노동이 주는 땀과 기름때의 숭고함이 중첩되는 이질의 조화, 김홍남 교수를 여실히 설명해주는 공간이다.

가파른 계단을 내려가니 눈부신 하얀 공간이 펼쳐진다. 고졸한 나무 향 대신 모던한 현대적 공간이 반전처럼 숨어있다. 마치 이탈리아 디자이너의 작업실 스

위 : 미니멀한 소파로 꾸민 현대적 공간의 응접실.
아래 : 미니 병산서원을 꿈꾸어온 김홍남 교수의 한옥은 주거 공간으로 지었지만 대신 지하 서재 공간은
그 학문 정진을 향한 이상향을 오롯이 담고 있다. 작은 규모의 도서관을 꾸릴 수 있는 장서들은
훗날 이웃과 일반인에게 공개하고 싶다며 사립 도서관으로 운용하고 싶은 꿈을 조심스레 내비쳤다.

튜디오를 연상시키는 이 공간은 김홍남 대표가 직접 "내 마지막 보루 같은 공간"이라는 설명을 덧붙인다. 프랭크 O. 게리Frank O. Gehry의 골판지 의자와 까만색 그랜드 피아노가 무대 위의 주인공처럼 자리하고 있다. 뒤로 보이는 서가의 흑백사진이 눈에 띈다. 한복을 입은 어머니의 사진과 몰티즈와 시추 두 마리의 개 사진이다. 액자 곁에는 《한국의 야생화》《우리풀 백과사전》《개가 있는 따뜻한 골목》 등의 책이 가지런히 꽂혀 있다. 살아 있는 것들과의 소통이 김홍남 교수에겐 가장 중요한 화두가 아닐는지 짐작해본다.

나를 내려놓는 시간, 침잠沈潛의 공간이 되다
한옥을 짓고 나자 집의 어느 한 공간도 빠짐없이 애착이 간다는 김홍남 교수는 "보이기 위한 집이 아니라 내 삶과 직결돼 있다. 그래서 생활의 필요에 의해 만들고, 가꿨다"라고 말한다. 동시에 인터뷰 끝 무렵에 "그동안 바삐 살며 넘친 열정, 일에 대한 욕심을 좀 내려놓는 공간이 되었으면 좋겠다"는 말도 건넨다. 단어 사이사이 얕은 숨을 내쉬며 조심스럽게 표현을 고르는 그에게서 행간의 숨은 뜻을 읽기란 어렵지 않았다. 지하의 서재 겸 집무실 공간은 김홍남 교수에게는 이 집의 축소판이다. 애초에는 집 전체를 병산서원처럼 짓기를 꿈꿨지만 허가 문제 등으로 주거 생활 공간에 맞춰 설계하게 되었다. 대신 지하 공간을 서재로 만들었다. 일본에는 전문화한 개인 소유의 작은 도서관이 많아 인상적이었다면서 창조적 젊은이들과 함께 대화를 하고 소통할 수 있는 공간이 되기를 기대한다고 했다. 그러면서 언젠가는 그동안 수집한 많은 장서를 일반인이 편하게 열람할 수 있는 도서관으로 개방할 거라는 계획도 조심스레 내비쳤다.
'전나무가 이듬해 자신이 죽을 것을 감지하면 그해에 유난히 화려하고 풍성하

위 왼쪽 : 대나무 한 마디도 모아뒀다가 지저분해 보이는 수도 배관을 덮는 용도로 쓴다.
위 오른쪽 : 좌탁은 이동하기 쉽도록 바퀴를 달아 찻상으로도, 책상으로도 사용한다.
아래 왼쪽 : 댓돌 위에 어질러질 손님 신발을 위해 바퀴를 달아 신발 트레이를 만들었다.
아래 오른쪽 : 집 짓고 남은 나뭇조각을 모아 도어스토퍼를 만들었는데,
이를 본 지인들의 주문 신청이 쇄도하고 있다.

게 꽃을 피운다는 현상을 가리킨다'는 의미의 '앙스트블뤼테angstblüte'라는 임학 전문 용어가 있다. angst(불안, 不安), blüte(개화, 開花)로 인생의 막바지, 생애 최고의 절정을 만들어내는 역발상과 찬란한 창조 행위를 은유할 때 쓰는 말일 것이다. "두려움으로 인한 만개이며 완전한 소멸을 눈앞에 두었을 때만 나타날 수 있는 살아 있음의 알람alarm이면서, 생명을 가진 어떤 존재가 가장 살아 있고자 원하는 순간을 지칭한다." 김홍남 교수가 누마루에 앉아 읽던 마르틴 발저의 책 《불안의 꽃》에 나온 한 구절이다.

작은손자 문중 군을 안고 매화를 감상하고 있는 우찬규 씨.
그는 추운 겨울 홀로 피어 세상 만물에 봄이 왔음을 일깨우는 매화를 사랑한다.
매화는 청매, 홍매, 백매 세 가지가 있는데, 그중에서도 맑고 향기가 강한 청매를 으뜸으로 좋아한다.

학고재 우찬규 대표의 한옥 예찬

3대가 함께 사는 '삼호당'에서 자연과 더불어 사는 기쁨

'옛것을 익히는 집'이라는 뜻을 지닌 학고재學古齋 화랑과 도서출판 학고재를 운영하는 우찬규 대표 내외는 한옥에서 살고 싶어 3년 동안 집을 보러 다녔다. 그러다 2004년 무렵 이 한옥을 구입해 공사하고 그 이듬해에 입주했다. 이 집의 멋진 풍경 중 하나는 윤중·문중, 두 손자가 아침마다 할아버지 품에 안겨 정원의 꽃나무에게 인사하는 것이다.

'삼호당'의 중문을 열면 '여송백지유신 이충신이위보'라는 주련이 정면으로 보인다.
우 대표가 가훈처럼 여기는 이 글귀는 윗사람이건 아랫사람이건 충성과 신의를 보물처럼 여긴다는 말씀이다.

우찬규 대표는 한학 공부로 정신세계를 만들었다. 모르긴 해도 추사 김정희의 그림을 완상하고 글을 읽으며 진리를 사유하는 그에게는 '공자 왈 맹자 왈'이 일상일 것이다. 공자 말씀과 맹자 말씀이 조용필의 노래보다 더 친숙하게 여겨질지도 모를 일이다. 전통과 함께하는 그의 정신세계는 학고재라는 화랑과 출판사에서 만들어내는 전시와 책으로 드러난다. 대개 그 열매들에는 고졸한 아취가 깃들어 있다. "집은 최대한 편안한 휴식공간이 되어야 한다는 것이 제 생각입니다. 집에서 편안하게 쉬어야 다음 날 출근해서도 일을 그르치지 않고 정확하게 잘 처리할 수 있다고 생각하거든요. 어떠한 형태의 생활공간이건 집의 요체는 '편안함'에 있어야 할 것 같습니다."

봄이 가장 먼저 오는 집

팔판동이라는 지명은 조선시대 이곳에 터를 잡고 살던 강릉 김씨 집안에서 여덟 명의 판서를 배출했다 하여 붙여진 이름. 이 집에 관한 자료가 규장각에도 보존되어 있는데, 그 자료를 따르면 이 집은 팔판동 김씨 집안의 중심이 되었던 본가다. 주변에 있던 한옥들은 현대식 건물로 재건축되었지만 이 본가만은 허물어지지 않았다. 다만 일제강점기와 근대화를 거치는 동안 빈 공간에 덧붙여 만든 방이 많았다. 우 대표가 이 집을 얻었을 때, 이 집에 살고 있던 사람이 14명이었다. 줄잡아도 대여섯 가구쯤 살았다는 이야기다.

1백50평 대지에 건축면적은 68평인 이 집을 수리하고 짓는 데 1년이 걸렸다. 덧붙여진 방들을 없애고 한옥 본래의 형태를 되찾는 데 주안점을 두었다. 시공은 김진주 대목이 맡았는데 문짝 3백30개가 들어갔다. 하루하루 1년이 지나자 집은 처음 태어났을 때 모습을 드러냈다. 대개 한옥은 'ㅁ'자나 'ㄷ'자 구조

뜰에는 매화나무 9주를 비롯 춘란, 대나무, 소나무, 국화, 모란, 벌개미취 등을 조금씩 심었다.
우 대표는 나무와 풀이 각기 자기 성품대로 자라게 하는 것이 잘 기르는 것이라고 말한다.

인 데 반해 이 집은 '포(包)'자를 이루고 있다. 굉장히 독특한 구조다. 풍수에 관심 많은 집주인이 집의 구조에 대해 알아보지 않았을 리 없다. "처음에 이 집을 보았을 때 풍수에 정통한 사람이 설계해서 지은 집이라는 생각이 들었습니다. 산수의 기운이 뭉쳐 있는 곳을 명당이라고 하는데, 이 집의 경우 북악산 산줄기가 오른쪽에서 왼쪽으로 돌아 뻗어 내려오고, 물은 왼쪽에서 오른쪽으로 돌면서 산줄기를 감싸고 돌아가는 형세를 하고 있거든요. 그래서 (집을 다시 설계하며) 가미를 하면 안 되겠다고 생각해 스승님께도 의견을 구하지 않고 원래 모양 그대로 복원하자고 결정했습니다."

본래 모습을 되찾은 뒤 집의 중심인 안마당과 담장 안쪽을 따라 길게 이어지는 곳에 소박한 정원을 꾸몄다. 우찬규 대표가 부인 오경자 씨와 함께 조성한 삼호당 조경의 백미는 사군자다. 안마당에 심은 60년 된 매화나무를 비롯해 난초, 국화, 대나무가 수런거리며 자라니 사계절의 변화와 흐름에 몸을 맡길 수 있다. 나무 밑으로는 화초를 심었다. 꽃의 행렬은 가장 먼저 피어나 봄을 알리는 매화로 시작해 가장 늦게 꽃을 피워 겨울이 도래함을 알려주는 국화로 끝난다. 겨울에는 독야청청 추위를 즐기는 소나무와 교류하는 맛이 있다. "(삼호당을 얻기까지는) 제 노력도 들어갔지만 다 운입니다.(웃음) 이렇게 대청마루에 앉아 있으면 참 좋습니다. 매화 핀 것을 바라보고 석등도 바라보면서 〈유마경〉 한 번 읽는 것이 집안에서 누리는 최고이자 최대의 한가로움이지요.(웃음)"

겸손한 '삼호당' 식구들

삼호당에는 우찬규 대표와 부인 오경자 씨, 큰아들 우중건 씨 내외와 두 명의 손자가 함께 산다. 대학 공부를 하고 있는 딸과 막내아들은 객지 생활을 하는

모녀지간처럼 보이는 시어머니 오경자 씨와 며느리 나은영 씨.
이 집이 고향인 작은손자 문중 군이 마당에서 뛰놀고 있다.

중이다. 큰아들 내외는 외아들로 자란 부친의 마음을 아는지 결혼하면서부터 한집에서 살고 있다. 부인 오경자 씨가 아들 내외에게 '한동안 나가 살아보는 것은 어떤지' 물어보았을 때도 같이 살겠다고 해 자연스럽게 3대가 함께 사는 집이 되었다. 남들이 보면 딸인 줄로 착각할 수 있을 것 같은 며느리 나은영 씨에게 물어보니 "앞으로도 시부모님과 함께 살고 싶다"고 말한다. 한옥에서 사는 것이 조용해서 좋단다.

부인 오경자 씨는 집이 복원되는 과정을 처음부터 끝까지 지켜본 증인이다. 남편이 출근하면 이 집으로 출근(?)해 목수들이 일하는 과정을 지켜보면서 '목수 하는 일이 예술'이라는 것을 알게 되었다. 여름에는 물에 젖어 습해지고 겨울에는 말라 압축되는 나무의 특성을 보완한 진보한 한옥 건축 방식에 대해서도 알게 되었다. 여름에는 나무가 불어나 잘 닫히지 않고, 겨울에는 틈새가 생겨 헐렁해지는 미닫이문의 단점을 어슷하게 닫는 방식으로 보완하는 것 등. 물론 생활하는 데 불편한 점이 없는 것은 아니다. 겨울에는 어쩔 수 없이 좀 춥게 살아야 하고 그림 걸 자리가 없는 것도 아쉬운 점이지만, 그럼에도 한옥살이에 대해 대찬성을 표한다. "모든 것이 친환경이잖아요. 흙과 나무만으로 지은 집이라 저절로 황토방 효과를 누릴 수 있어요.(웃음) 오래전 대청마루에 누워 흙냄새 올라오는 걸 맡을 때를 기억하며 책 읽고 음악 듣는 것을 즐길 수 있지요." 며느리와 두 손자가 사돈댁에 가는 주말이면 그는 홀로 대청마루에 앉아 과거와 조우한다. 매화나무 이파리가 떨어지면 썩는 데 3년이 걸리고 그 때문에 흙이 숨을 쉬지 못하기 때문에 봄가을에는 낙엽을 긁어줘야 하는 것 등 불편한 점이 적잖은데도 오경자 씨의 한옥살이 예찬은 끝이 없다.

삼호당이라는 당호는 우 대표가 손수 지었다. '배우고 때때로 익히면 기껍지

위 왼쪽 : 유교 경전을 읽으며 한학을 공부해온 우 대표가 불교 경전을 읽고 있다.
위 오른쪽 : 우 대표가 어린 시절부터 읽었던 유교 경전들. 그 오른편으로는 한글 번역본 〈팔만대장경〉이 있다.
아래 왼쪽 : 우 대표는 매화를 구하는 가장 좋은 방법으로 접붙이기를 소개한다. 접붙이기를 해도 잘 산다고 한다.
아래 오른쪽 : 2남 1녀의 자녀에게 〈천자문〉〈소학〉〈대학〉을 가르쳤던 우 대표는
두 손자에게도 한학을 가르치려고 한다.

않겠는가學而時習之 不亦說乎, 벗이 먼 곳에서 찾아오면 즐겁지 않겠는가有朋自遠方來 不亦樂乎, 남이 알아주지 않더라도 불평하는 마음을 품지 않는다면 군자답지 아니한가人不知而不慍 不亦君子乎.' 공자의 말씀을 정리한 〈논어〉의 맨 앞에 나오는 어조사 '호乎'로 끝나는 세 가지 문장의 의미를 담아 지었다. 공부하고 익힘으로써 세계를 넓히고, 폭넓은 사교를 통해 끊임없이 교류하며, 겸손하고 평화롭게 존재하겠다는 집주인의 굳은 의지가 엿보인다. 항상 공부에 마음을 두고 생활하는 우 대표는 풀 한 포기, 나뭇잎 색깔 하나도 그냥 보아 넘기는 일이 없다. 망울이 맺힌 채 겨울을 지내고 가장 먼저 꽃을 피워 봄을 알리는 '선각자' 매화를 보며 자연의 이치를 생각하고, 불교 경전을 읽으며 인과응보, 원인과 결과에 대해 깊이 사유한다. 3대가 더불어 사는 이 집에서 평화롭고 행복한 기운이 감도는 것은 집을 얻고 고칠 때의 마음이 그러했고, 지금의 마음도 그러하기 때문일 것이다.

한옥과 2층 건물이 나란히 자리한 황규선 씨 가족의 집과 일터.
2층 건물 옥상에서 내려다본 작은 마당에 가족이 모두 모였다.

푸드 코디네이터 황규선 씨의 서촌 일기

추억으로 시작해
희망으로 살아나는 집

사람들에게 '한옥'을 묻는다면 아마도 '낡고 좁고 불편한 집' 정도의 답변이 나올 것이다. 사실 생활 한옥이라면 오늘날의 라이프스타일에 맞게 변모하는 것도 필요한 과정일 터. 푸드 코디네이터 황규선 씨 가족의 서촌 한옥은 1백 살 된 한옥의 외피에 현대 주거의 편의 시설을 갖춘 21세기 생활형 한옥이다. 건축가로 활동하는 아들 양지우 씨가 설계하고 딸 문영 씨의 대안 전시 공간까지 갖춘 작지만 알찬 드림 하우스.

거실에서 바라본 주방. 약간 휘기도 하고 옹이도 남아 있는 나무기둥을 그대로 보존하니
새 마감재가 들어와도 한옥 특유의 분위기가 살아 있다.

이른 새벽 채소 장수 트럭 앞에 모여 수다 떠는 아주머니들, 터줏대감의 위용을 자랑하는 철물점, 칠 가게와 나란히 자리한 최신 카페… 삶의 다양한 모습이 겹쳐 느린 골목길 풍경을 만들어내는 '서촌'.
"은행 골목으로 들어와 철물점 전 골목에서 좌회전하세요. 회색 건물을 끼고 오른쪽 작은 골목으로 들어서면 철제 프레임으로 감싼 나무 대문이 보일 거예요." 푸드 코디네이터 황규선 씨의 한옥을 찾아가는 길은 다소 복잡하고 생경하다. 솟을대문 대신 철제 프레임의 육중한 문이 손님을 맞고, 담벼락 사이 좁은 통로를 지나 마당으로 들어서자 이번엔 기와의 잿빛을 담은 2층 건물이 나타난다. ㄱ자형 한옥과 열 평 남짓한 2층 건물이 마당을 사이에 두고 나란히 자리한 독특한 풍경.

한 지붕 아래 달콤 씁싸름한 동거

"한옥에 살고 싶다고 막연히 생각했지만 사실 선택하기까지는 고민이 많았어요. 전통 한옥은 불편한 집이라는 인식이 강했으니까요. 대안으로 양옥과 한옥이 섞여 있는 터를 찾기 시작했고 한옥과 이층집이 나란히 매물로 나온 이 집을 발견했지요. 한옥은 주거 공간으로, 이층집은 사무 공간으로 사용하면 재밌겠다고 생각했어요."
황규선 씨 가족이 이렇게 과감한 선택을 한 배경에는 오랫동안 해외에서 생활했다는 특별한 이력이 있다. 일본 주재원으로 20여 년을 생활하며 소박하지만 자기 스타일대로 사는 법을 터득했다는 황규선 씨. 낯선 타국에서 그것도 3~4년에 한 번씩 지역을 옮겨 다녀야 했지만, 집을 꾸미고 요리를 배우는 등 매 순간 현지인처럼 살려고 노력한 그는 덕분에 다른 문화를 쉽게 받아들이고

위 : 마당은 흙 대신 매끈한 돌로 마감하고 30cm 정도 메워 단을 올렸다. 이처럼 마당과 마루의 높이가 비슷하면 다니기도 편하고 거실이 마당까지 이어지는 시각적 효과로 집이 한결 넓어 보인다.
아래 왼쪽 : 주방에서 바라본 거실. 청록색 가죽 소파와 신혼 때 구입한 고재 테이블을 매치하고 베트남 여행길에 구입한 실크 원단으로 고속터미널에서 제작한 쿠션으로 포인트를 주었다.
아래 오른쪽 : 옆집 담벼락 사이 좁은 통로를 살려 진입로를 만들었다.

내 것으로 응용해 소화할 줄 안다. 양지우 씨 역시 일본에서 어린 시절을 보내고 이탈리아 로마에서 유학한 경험 때문인지 작은 집이 올망졸망 얽혀 있는 서촌의 느린 골목이 낯설지 않았다.

그는 한옥을 레노베이션하면서 옛 모습을 고수해야 한다는 생각에 얽매이지 않았고, 그 결과 투박한 손맛과 실용성이 조화를 이루는 독특한 형태의 주거 공간을 완성했다고 이야기한다.

"서촌에 있는 한옥은 서민의 생활상이 묻어나는 작은 한옥이 대부분이에요. 자식 키우면서 돈이 필요하면 집 일부를 떼서 팔기도 하고 좁으면 마당을 메워 거실을 만들거나 폭을 넓혀 쓰기도 하는 등 엉성하고 투박한 손맛이 남아 있죠. 이 집도 원래 한 채인 한옥을 둘로 나눈 거라 옆집과 여유 공간이 없었어요. 옆집 벽을 담으로 나눠 쓰는 상황이었지요. 좁지만 재미난 진입로와 벽면 화단이 탄생한 배경이죠."

작고 간단하게 그리고 편하게

서민 한옥이 낡고 좁고 불편하다는 점을 개선하기 위해 양지우 씨는 공간 분할과 마감재 선택, 수납에 심혈을 기울였다. 가장 큰 특징은 거실과 주방이 하나로 오픈된 공간이라는 점. 정면에 보이는 대청마루에 커다란 다이닝 테이블을 배치하고, 소파는 가장 안쪽에 두어 주방-다이닝룸-거실로 이어지는 일자형 동선을 완성했다. 다행히 서까래, 대들보 등의 골조가 썩지 않고 잘 보존되어 있어 그대로 살렸는데, 중간중간 남아 있는 기둥들이 공간을 구획하는 가상의 벽 역할을 하기도 한다.

한옥 하면 떠오르는 대표 이미지인 전통 창호와 대청마루는 과감히 시스템 창

이동식 가구를 쓰는 것보다 제작해서 수납 기능을 더하는 게 좋다고 판단해 침대는 모두 편백나무로 제작했다.

호와 관리하기 편한 타일로 대체했다. 집의 모든 창은 유리에 한지를 붙여 마감했는데, 이는 전통 창호 대비 비용을 절약하고 최대한 채광을 좋게 하기 위한 선택이다. 대신 바깥쪽에 창살을 붙여 해가 지면 은은한 창살 문양을 즐길 수도 있다. 또한 벽 안쪽, 침대 아래까지 촘촘하게 수납공간을 마련한 것도 특징이다. 현관과 공간을 구분하는 주방 가벽 안쪽에는 푸드 코디네이터로 활동하며 모은 엄청난 양의 그릇을 수납할 수 있는 장을 설치했고, 철거할 때 우연히 발견한 거실 벽면 틈새 공간은 책장으로 활용한다. 침대는 편백나무로 맞춤 제작했고, 서랍을 구성해 철지난 이불을 수납한다. 약간의 구조 보강으로 비 오는 날에도 신발이 젖지 않는 현관과 넉넉한 신발장도 갖추었다. 이 집의 또 다른 재미는 한옥에서 2층 건물로 이어지는 예상치 못한 구조다. 미로 같은 통로의 폭을 나눠 화장실과 샤워 부스를 마련했고, 정면의 슬라이딩 도어를 열면 딸 문영 씨의 방이 나온다.

무엇보다 주택과 상업 공간을 함께 구성한 집이라는 점도 독특하다. 황규선 씨 가족은 집을 옮기면서 노후도 생각했다. 현재 1층은 문화 콘텐츠 기획자인 딸 문영 씨가 운영하는 대안 전시 공간, 2층은 아들 지우 씨의 움UM 건축사 사무소로 사용하지만 부부가 더 나이 들면 소일거리 삼아 작은 꽃집을 해보고 싶단다. 규모가 작아 무엇을 해도 부담 없는 게 장점이라면 장점이다.

"집 관리하는 일은 철저히 남편 몫이죠. 은퇴 후 기꺼이 즐거운 마음으로 아침저녁 마당을 쓸고 유리창을 닦고 철철이 화단을 가꿔요. 집이란 게 그런 것 같아요. 화려하고 큰 집도 좋지만 무엇보다 사는 사람이 감당할 수 있어야 사는 맛이 나요."

황규선 씨는 요즘 근처 재래시장 나들이에 푹 빠졌다. 한 아주머니는 고향에

위 왼쪽 : 한옥에서 바라본 2층 건물. 고강도 유리로 마감한 후
메탈 패턴(얇은 쇠막대를 구워서 용접)로 외피를 감싸 보일 듯 가리는 효과가 있다.
위 오른쪽 : 2층 건물의 1층, 계단 아래 자투리 공간을 활용한 딸 문영 씨의 방.
아래 왼쪽 : 서촌 한옥과 자그마한 2층 건물 레노베이션은 양지우·강기진 소장이 운영하는
움UM 건축사사무소에서 맡았다. 2층 사무실 모습.
아래 오른쪽 : 갤러리움UM. 천장, 대문 등 옛 건물의 흔적이 곳곳에 남아 있다.

서 나는 채소를 파는데 그 즙이 일품이다. 어떤 가게는 제사용 두부가 좋고, 한 할머니는 직접 담근 짠지를 아낌없이 내놓는다. 작고 아기자기한 가게들이 늘어선 골목길을 걷는 재미 또한 남다르다. 이게 바로 '동네'에 사는 묘미일 터. 크거나 화려하진 않지만 한옥 주거의 색다른 시도, 집을 생각하는 담백한 마음을 느낄 수 있는 황규선 씨 가족의 서촌 집. 황규선 씨 가족에게 '한옥'이란? 추억으로 시작해 '희망'이 된 살아 있는 집, 진정 살고 싶은 주거 형태로 정의되지 않을까.

집을 붉은 벽돌로 감싸면서 한옥과 양옥 사이의 이질감이 자연스레 없어졌다.

밝음을 안고 있는 마당, 단독주택 '함양재'

양옥 더하기 한옥,
한옥 곱하기 양옥

한옥과 양옥이 붙어 있는 ㄱ자형 집 '함양재'는 판교 택지지구에서 가장 독특하면서도 운치 있는 집일 것이다. 아이들에게 집에 대한 따뜻한 기억을 선물하고 싶은 건축주와 건축가가 만들어낸 한옥과 양옥의 멋진 화학 작용을 지켜보시길.

침실, 거실을 필요한 크기로만 만들고 대신 마당이라는 매력적인 공간을 넓게 쓰고 싶었던 집주인 내외는 판교에서 마당이 가장 넓은 집을 갖게 됐다. 한옥과 양옥이 만나는 ㄱ자 집의 한가운데 이 마당이 자리한다. 굳이 집 밖에 나가지 않아도 아이들은 이 마당에서 공놀이도 하고 자전거도 탈 수 있다.

잘 빨아 말린 광목 같은 햇살이 가득한 10월의 오후, 툇마루에 앉아 순하게 졸고 싶다. 마당에 고놈의 낙엽들이 뒹굴고, 지붕 위로 느린 구름이 지나가던 그 옛날 외할머니 집 같은 집, 외할머니의 밥공기처럼 뜨끈하게 마음을 만져주는 집에서. 집주인 내외가 바란 게 바로 그런 집이었다. 이제 삶이 조금씩 차오르기 시작하는 두 아들에게 그런 기억을 만들어주고 싶었다. 주택의 추억을 간직한 남편, 아파트 키드(대단위 아파트 단지에서 양육된)인 아내는 판교 택지지구에 땅을 구입한 후 쉬엄쉬엄 수도권 일대 단독주택을 탐방했다. 미끈하게 잘 빠졌지만 네 맛도 내 맛도 없는 집들에 진력날 즈음, 낡은 북촌 한옥이 마음을 파고들었다. 한옥의 기와지붕 선이 자꾸 눈앞에 어른거렸다.

제대로 합체하라

일찌감치 설계를 맡은 조정구 소장에게서 2층짜리 양옥('현대 주택'이란 용어보다 이 집에 훨씬 잘 어울리는 단어다)의 설계안을 받은 부부는 지난해 설계 변경을 부탁했다. '집 일부를 한옥으로 지어달라, 남향으로 마당을 만들어달라' 이 두 가지 요구 사항을 받아 든 조정구 소장은 순풍에 돛 단 듯 설계안을 수정해나갔다. '도시 한옥 전문가'란 칭호를 훈장처럼 매단 그에게(조정구 소장은 2002년 북촌 한옥마을 재개발에 참여했고, 2005년 설계한 국내 최초의 한옥 호텔 '라궁'으로 대한민국 목조건축대전 대상을 받았다. 2000년부터 10년 넘게 매주 수요일 전국의 '집' 답사를 하며 대청에 유리문을 달고 처마에 함석 물받이를 잇댄 구옥, 이른바 '집 장사 한옥'의 매력에 빠져 있다) 이 요구는 오히려 터빈 엔진 같았다.

"사실 건축주의 요구는 2백 평짜리 집에 일곱 평짜리 한실을 만드는 것과는 좀 다른 차원의 이야기죠. 좀 과하게 표현하면 '장기 이식' 같은 건데, 제대로 된

위 왼쪽·오른쪽 : 이 집은 한옥과 양옥이 합체한 집이다. 경골 목구조의 양옥과 도시 한옥을 ㄱ자로 이어 붙였다.
아래 왼쪽 : 양옥 대문으로 들어서면 한옥 마당이 나오는 판교 함양재.
아래 오른쪽 : 무늬만 한옥이 아니라 화장실 안 기둥 하나 까지도 제대로 된 한옥이다.

한옥과 양옥을 한 몸으로 합체하는 일이거든요. 도시 한옥을 꽤 많이 설계해본 저도 처음 시도하는 일이었죠. 지금의 우리 생활 공간에 한옥이라는 전통 공간을 제대로 끼워 넣는 작업을 해볼 때도 됐다고 생각했는데, 때마침 건축주가 그런 요구를 해온 거죠. 우리 두 사람, 시의적절하게 잘 만난 것 같습니다."
부부의 부탁대로 조정구 소장은 따로 떨어진 한옥이 아니라 한옥과 양옥이 '합체한' 집, 땅과 가까운 '마당 집'을 만들었다. 우선 경골 목구조의 양옥과 도시 한옥을 ㄱ자로 이어 붙였다. 이 둘은 나중에 각각 뗄 수도 있는 구조란다. 1층만 놓고 보자면 거실과 부엌 등이 자리한 양옥과 가족실·부부 침실·욕실이 자리한 한옥이 ㄱ자 모서리에서 만난다.
"한옥의 전통 목수와 서구식 목조 건축 목수가 각각 따로 작업하다 이 모서리에서 만나더군요. 한쪽은 톱질하고 한쪽은 태커 작업하다 만난 거죠. 이런 식으로 이 집은 두 개의 시공팀이 맞물려 돌아갔어요. 지붕은 한식 기와와 서양식 징크 지붕이, 도배는 한지 도배와 벽지 도배가 한데 만나는 식이었죠. 그 공사 과정을 지켜보는 것도 흥미로웠습니다."
소파가 놓인 1층 거실을 지나면 한식 가족실이 나오는데, 단을 높인 이 공간에 들어서는 맛이 꽤 삼삼하다. 대청마루에 오르듯 한 발 크게 떼어 오르면 한지로 마감한 좌식 휴게 공간이 식구들을, 객을 맞는다. "거실과 가족실의 단 차이는 조정구 소장이 제안한 거예요. 옛 한옥의 툇마루에 걸터앉은 정도의 높이가 되죠. 우리가 편하다고 느끼는, 딱 그만큼의 단 차이죠. 2층의 단 차이는 제가 제안했어요. 아이들과 같이 놀고, 공부하는 서재 공간을 좀 독특하게 꾸미고 싶어 그렇게 한 것인데, 조정구 소장의 의견대로 낮추는 게 더 좋았겠어요. 2층 중앙의 서재 공간을 높이다 보니 한쪽의 제 서재까지 높아지면서 큰 키로

2층의 공용 서재. 양옆의 아이들 공부방과 아빠 서재에도 큼지막한 미닫이 창문을 달아
필요에 따라 공간을 여닫을 수 있다. 이는 한옥의 공간 구성에서 빌려다 쓴 것.

엉거주춤하게 들어가야 하는 일이 생겼죠. 테라스와도 단 차이가 나버려 들고 나는 게 영 불편해졌고요." 집주인의 후회에 조정구 소장이 화답한다.

"저는 건축주의 판단이 잘못됐다고 생각하지 않아요. 오히려 좀 관찰해보고 싶어요. 2층에 새로운 대청마루가 하나 생긴 것 같아 꽤 흥미롭게 지켜보는 중입니다. 이 집에 와본 사람들은 1층을 좋아하는 이와 2층을 좋아하는 이로 나뉘는데, 공간이 맞물리면서 서로 지켜보는 느낌을 좋아하는 이는 2층을, 퍼지면서 평평한 느낌을 좋아하는 이는 1층을 재미있어하더군요." 이거야말로 부창부수夫唱婦隨의 새로운 버전 같다.

부부는 침실과 부부 욕실을 1층 한옥에 두었는데, 맞벌이인 이들의 라이프스타일에 딱 맞는 선택이었단다.

"처음엔 1층에 한옥 서재를, 2층에 부부 공간을 배치할 생각이었는데, 그렇게 되면 아이들을 볼 수 있는 시간이 저녁에 들어와 잠깐, 아침에 잠깐이더라고요. 1층에 부부 침실과 욕실을 두니 마당에서 뛰노는 아이를 바라볼 수도 있고, 거실과 가족실에서 아이와 조금이라도 더 살 부딪치며 생활할 수 있게 됐어요. 물론 한옥의 운치는 덤으로 얻었고요."

조정구 소장은 전주 한지 장인이 바른 미닫이창으로(조정구 씨가 부부에게 집들이 선물로 선사했다), 삼베 모기장으로 운치를 더했다. 흙빛을 닮은 황혼이 퍼질 무렵 한옥 침실과 욕실에 들어앉아 창밖을 내다보는 맛, 한지를 투과한 엷은 빛의 파노라마를 온몸으로 받아들이는 맛, 그야말로 일품이다. 이 나른한 행복감을 이 부부는, 아니 두 아이는 꽤 오래도록 기억할 것이다.

위 왼쪽·오른쪽 : 한옥 부분의 창은 모두 전주 한지 장인이 바른 한지 창과 삼베 모기장으로 마감했는데,
햇볕 좋은 대낮과 별빛 좋은 밤에 그 진가를 발휘한다.
아래 왼쪽 : 맞벌이인 탓에 아이들과 함께하는 시간을 최대한 늘리고 싶은 이 부부는
1층 거실과 가족실 옆에 침실과 부부 욕실을 배치했다.
아래 오른쪽 : 아이들의 공간인 2층에서 가족 모두의 공간인 1층으로 내려가는 계단실은 가족 사진으로 장식했다.

남으로 마당을 내겠소

'남향으로 널찍한 마당을 만들어달라'는 집주인의 두 번째 부탁도 반영되어 이 집은 마당이 대지의 20%를 차지하는(68평 대지 중 마당이 14평), 판교에서 가장 마당 넓은 집이 됐다. "신혼 때부터 10년 가까이 아파트에 살아보니 거실처럼 널찍하지만, 활용도가 떨어지는 죽은 공간이 많더라고요. 자는 용도로만 쓰는 침실도 마찬가지고요. 집을 지으면서 필요 없는 공간은 줄이고, 마당이라는 근사하고도 쓸모많은 공간을 좀 널찍하게 갖고 싶었죠. 그래서 거실과 침실 크기를 꼭 필요한 만큼으로 줄여달라고 요청했어요."

조정구 소장은 ㄱ자 한가운데 마당을 두고 거실을 통유리로 마감했다. 마당과 거실 사이에 단 차이를 두지 않고 평평하게 만들어 거실의 통창을 열면 마당이 거실이 되는 효과를 노렸다. 한옥의 개념을 빌려다 쓴 공간 배치다. 또 한옥의 창을 모두 마당으로 향하게 내 침실에서든, 가족실에서든, 욕실에서든 마당을 바라볼 수 있게 했다.

마당에 그 흔한 관상용 잔디 대신 석재를 깔아 아이들이 자전거도 타고 물놀이도 할 수 있도록 했다. 밝음을 안고 있는 이 마당 덕분에 집의 이름은 '함양재咸陽齋'로 정했다. 그야말로 양명陽明한 집, 양명한 마당이다. "저는 '마당 집'이 진짜 우리나라 집이라고 생각합니다. 그동안 답사에서 알게 된 우리나라 집의 가장 큰 덕목이 마당이더군요. 땅과 가깝게 짓는 집, 마당을 중심으로 가족의 생활이 이뤄지는 집을 짓고 싶었죠. 이처럼 건축주는 늘 제게 중요한 때에, 시의적절하게, 적당한 요구를 해줬죠." 그야말로 '협업' '시너지' 등의 의미를 제대로 알게 하는 만남이다.

이 집으로 이사 온 후 아이들은 더 이상 주말 나들이를 가자고 조르지 않는다.

위 왼쪽 : 2층에 있는 아이들 공부방.
위 오른쪽 : 1층과 2층을 이어주는 계단.
아래 왼쪽 : 아이들 공부방 건너편에 있는 아빠의 서재.
2층 중앙 공간을 높이다 보니 서재에도 대청마루같은 재미난 공간이 만들어졌다.
아래 오른쪽 : 거실과 부엌이 자리한 1층 양옥 모습.

마당과 다락방, 툇마루, 2층 서재를 뛰어다니며 하루해를 보낸다. 약속 없이 고요하게 맞은 크리스마스의 가족실, 부숭한 햇살이 내려오던 5월의 툇마루, 나뭇잎들이 되돌아온 편지처럼 흩어져 있던 11월의 아침 마당…. 두 아이는 이 집에서 맞은 행복한 가족의 추억을 오래도록 간직할 것이다. 이 집이 가족에게 준 최고 선물이다. 그 선물을 두 아이를 둔 '아빠 건축주'와 네 아이를 둔 '아빠 건축가'가 손을 맞잡고 이루어냈다.

먼저 집 지어본 사람이 조언합니다!

우리 집에 잘 맞는 건축가를 고르려면?
건축가가 그동안 해온 작업을 잘 살펴보면 자신이 원하는 방향과 건축가의 작업 스타일이 일치하는지 알 수 있다. 이것이 잘 맞아야 문제가 발생할 소지가 줄어든다. 그다음은 건축가가 건축주를 대하는 태도가 중요하다. 건축가 중에는 선생님 타입, 카운슬러 타입, 예스맨 타입이 있는데, 건축주를 제자 대하는 듯한 선생님 타입("나는 설계할 테니 당신은 내 작품을 받으시오" 하는 타입)과 예스맨 타입(무슨 이야기든 전부 좋다고 반영하려는 사람)은 피하는 것이 좋다. 첫 번째 타입의 집은 불편한 집이 될 가능성이, 세 번째 집은 이상한 집이 될 가능성이 높다. 일단 건축주의 이야기를 끈기 있게 들어주고, 반영할 것과 반영하지 않을 것을 잘 구분하면서 그 이유를 합리적으로 설명해주는 카운슬러 타입이 적절한 것 같다.

판교처럼 기반 시설이 조성된 주택 단지에서 집을 지을 때 이것만은 알아두자
아직 개발되지 않은 지역의 땅을 구입해 길부터 내는 것보다는 기반 시설이 대부분 갖추어진 곳이 훨씬 품이 덜 든다. 대신 지구 단위 계획을 지켜야 한다. 지구 단위 계획에는 층수(2층), 건축 지정선, 차량 출입구 방향, 공유 공지 등 여러 가지 가이드라인이 있는데 이에 맞추어 설계한다. 그래서 판교 같은 대지는 크기가 같아도 활용 면적이 다른 경우가 발생할 수 있다. 짓고 싶은 집 모양이 어느 정도 확실하다면 그 모양을 살리면서 최대한 활용할 수 있는 대지를 찾아볼 수도 있다.

물론 지금은 거래할 수 있는 대지가 점점 줄어들고 있어 선택의 폭이 넓지는 않다. 또 구획된 대지들이 붙어 있다 보니 몇 년 동안은 집 주변에 계속 공사장이 있다는 점을 감안해야 한다.

예산 초과는 어쩔 수 없는 일이다
집을 짓다 보면 계획한 것보다 예산이 초과하는 일이 다반사다. 따라서 시공 관련해서 10% 정도의 추가 건축비는 마음의 준비를 하고 시작하는 편이 여러모로 좋다. 또 시공사가 제시하는 건축비에 빠져 있을 수 있는 옵션 항목들(부엌 가구, 붙박이장, 욕실 가구, 붙박이 가전, 조경 등)에 생각보다 비용이 많이 드니 사전에 꼭 계획해야 한다. 우리 가족은 나중에라도 추가할 수 있는 것보다 한번 짓고 나면 손대기 힘든 것에 우선적으로 예산을 배분했다.

조금 비우면 더 만족스러워진다
너무 많은 것을 얻으려 하다가는 오히려 그저 그런 것만 가득한 집이 되기 쉽다. 진짜 필요한 것이 무엇인지 잘 추려서 그것에 집중한다면 마음고생하지 않고 만족스러운 집을 지을 수 있지 않을까. 그리고 대지 크기에 적합한 집을 지어야 한다. 결과적으로 큰 집을 원하는 건축주와 전체 수주 금액을 높이려고 이런저런 이유를 들어 큰 집 짓기를 권하는 건축 회사(설계와 시공을 같이하는 건축 회사) 때문에 너무 넓고 너무 높은 기형적 모양의 집들이 생겨나고 있다. 그러면서 주차장을 주차 용도가 아닌 정원으로 쓰고 공용 공간인 외부 도로에 차량을 주차하는 일이 벌어진다. 공간 크기보다 공간의 조화가 주택의 만족도를 좌우한다고 생각한다. 또 집 크기보다는 집들의 조화가 동네의 만족도를 결정하는 듯.

야생화를 촘촘히 수놓은 모시 발이 인상적이다. 안주인의 정갈한 솜씨를 엿볼 수 있다.

대구 삼덕동에 사는 외과 의사 임재양 씨

한옥 병원과 건강 빵집의
행복한 동거

<해피 해피 브레드>라는 일본 영화가 있습니다. 도시 생활을 접은 젊은 부부가 한적한 시골에서 맛있는 빵과 요리를 통해 이웃에게 행복을 전한다는 스토리로 나눔과 배려, 일상의 소소한 행복이 얼마나 아름답고 소중한지를 유쾌하게 일깨워주지요. 영화처럼, 행복은 반드시 노력해야 하며 다른 누군가를 위해 노력한다면 더 빨리 행복이 찾아온다는 메시지를 담은 공간을 만났습니다. 한옥 병원과 빵을 굽는 한입 별당이 함께하는 대구 삼덕동의 '임재양외과'가 그곳입니다. "따뜻한 빵 만들고 있어요. 소풍 날 보물찾기처럼 행복을 찾고 싶다면 오세요, 한입 별당으로."

한옥 병원과 일본식 주택이 마당을 사이에 두고 마주 보는 대구 삼덕동 임재양외과.

미국의 한 백만장자가 만성 두통에 시달렸다고 합니다. 온갖 치료를 했지만 별 효과가 없자, 고민 끝에 두통을 치료하면 엄청난 돈을 지불하겠다는 광고를 냈습니다. 많은 의사가 도전했지만 쉽지 않았습니다. 그러던 어느 날, 시골에서 한평생을 보낸 늙은 의사가 찾아왔습니다. 낡은 청진기 하나만 들고 온 의사는 한 달간 같이 생활하자고 합니다. 백만장자는 시간이 지날수록 불만이 쌓여갔습니다. 매일 같이 밥 먹고 얘기하는 것이 치료의 전부였으니까요. 한 달 후 의사는 백만장자에게 셔츠의 단추를 한 개 풀라고 했습니다. 치료란 것이 참 어처구니없다 생각했지만 그대로 했지요. 시간이 지나자 거짓말처럼 두통은 사라졌습니다.

꿈이 있습니다

유방암 클리닉의 권위자 임재양 씨를 만나니 이 일화가 떠오릅니다. 그는 외과 의사입니다. 의사가 된 지 32년, 개업한 지 23년 됐습니다. 그는 다시 태어나도 외과 의사가 되고 싶다고 말합니다. 의사로서 작은 꿈이 있는데, '하루에 많은 환자를 보지 않는다, 환자와 두런 두런 세상 이야기를 나눈다'이랍니다. 대개 난치병 환자들은 치료 과정에서 상처받는 경우가 많습니다. 그러면 상처받은 마음을 다독입니다. 같이 웃고 같이 울면 그것으로 족하지요. 하지만 진료하다 보면 마음먹은대로 하는 것이 쉽지는 않답니다. 한 명에게 많은 시간을 할애하기도 힘들고요. 그래서 그는 '껍질'을 바꾸기로 했습니다. 공간이 사유를 지배한다고 하지요? 환자가 병원에 와서 편안함을 느끼고, 의사가 환자에게 더욱 가깝게 다가가기 위해서는 병원이라는 공간이 중요할 테니까요.

2012년, 대구시 삼덕동 한 골목의 유명한 한식당이 있던 자리에 새로 한옥이

구가도시건축 조정구 소장이 설계한 이 병원은 2012년 대구시 건축상 금상을 수상했다. 기존 터에 자리한 한옥과 적산 가옥을 그대로 살려 켜켜이 쌓인 시간과 도시 역사를 존중했다는 데 의미가 깊다.

올라가고 몇 달 뒤 그 한옥에 '병원'이 들어서자 동네 사람들이 수군거립니다. 한의원이면 어울릴 법도 하지만 외과 병원이랍니다. 대로변도 아니고 골목길에, 큰 간판도 없습니다. 의사나 환자가 편안해하고 건강한 건축물을 생각하니 자연히 한옥이 떠올랐다는 임재양 씨는 무려 5년이라는 기다림 끝에 한옥과 적산 가옥이 있던 이 집터를 갖게 되었답니다. 그는 그저 의사나 환자가 편안하게 건강에 대해 상의하고 만나는 병원을 만들고 싶었습니다. 재미있는 일화가 있습니다. 병원과 별채를 짓기 전 이재에 밝은 친구가 와서 물었습니다. "땅이 몇 평인가?" 2백 평이라고 말하자 건물을 몇 층 올릴 거냐고 묻더군요. 한옥은 그대로 1층, 건너편 적산 가옥은 그대로 2층 올릴 거라 했더니 "돈이 남아도는군" 하더랍니다. 은퇴할 나이에, 이제 노후를 준비해야 할 나이에 왜 이런 비효율적 병원을 짓느냐고요. 물론 경제적으로 보면 비효율적입니다. 하지만 두 가지를 생각했죠. '나는 은퇴가 없다. 그리고 죽을 때까지 환자를 볼 것이다.'

의사들 대부분은 진료실을 빨리 벗어나고 싶어 합니다. 그 역시 한때는 병원이 갑갑하던 적이 있습니다. 하지만 나이가 들면서 의사라는 직업은 무엇보다 '경험'이 중요하다는 생각이 들었답니다. 젊을 때보다는 환자보는 것에 훨씬 자신이 생겼으니까요. 일본은 깡 시골에서 평생 동네 환자만 본 의사가 죽으면서 소소한 자신의 경험을 기록으로 남기는 일이 종종 있는데, 훗날 세계적 주목을 받는 경우가 많습니다. 그 역시 나이가 들어가지만 매년 학술 대회에서 조그만 주제를 발표할 생각입니다. 아마 병원 문 닫을 때까지 하겠지요?

그는 며칠 전 제주도에 다녀왔습니다. 매년 봄 제주에서 유방암학회가 있는데, 늘 직원들과 함께 참석합니다. 물론 관광도 하지요. 몇 년 전쯤인가, 같이 한라산을 등반하다 직원이 물었습니다.

위 : 마당 쪽에 엔가와라는 일식 복도가 둘러진 별관 1층.
마당부터 복도, 거실, 방으로 층을 이루며 깊어지는 공감각이 드라마틱한 공간을 완성해준다.
아래 왼쪽 : 한옥 병원의 진료실. 볕이 잘 들고 통풍이 잘되니
진료하는 의사는 마음이 넉넉해지고 진료받는 환자는 안정감을 느낀다.
아래 오른쪽 : 임재양외과의 식구들. 다섯 명의 간호사 중 병원을 처음 시작할 때부터 근무해서
20년이 넘는 이도 있다. 젊은 시절 병원에서 함께 꿈을 키운 가족이나 마찬가지라고.

"원장님은 언제까지 환자를 볼 거예요?" "평생 볼 건데." "그럼 저희도 평생 근무해야겠네요." 의사 나이 아흔 살에, 간호사 나이 일흔 살이라!

건강을 짓습니다

왜 하필 골목길이냐 물었습니다. 이유는 간단합니다. 근무하는 의사나 간호사가 편해야 환자가 편안함을 느낄 테니까요. 게다가 골목길은 똑같은 돈으로 마당을 가질 수 있습니다. 차들이 흘러가는 거리가 아니라 사람들이 모이는 병원, 마당이 있고 꽃이 있는 병원이니 이곳에 모인 이들의 사소한 이야기가 서로를 치유해준다고 할까요? 임재양외과는 검진만 하는 동네 의원이지만 원훈이 있습니다. 첫 번째는 '환자에게 상처 주지 말자'. 환자를 보다 보면 의사로서 좀 더 신경이 쓰이고 같이 고민해주고픈 환자가 있는가 하면, 미운 환자도 있습니다. 후자일 경우 일장 연설만 하고 돌려보내진 않았는지 때론 후회할 때도 있습니다. 그래서 매일 아침 오늘은 환자들에게 상처를 주지 말자 다짐하고 하루를 시작합니다. 둘째는 '환자 몸에 상처 주지 말자'입니다. 과거에는 칼로 도려내는 것이 치료의 완결인 줄 알았습니다. 이제는 가능하면 수술은 미루고 다른 방안은 없는지 고민합니다. 약도 신중하게 처방합니다. 몸의 자연 치유력을 최대한 높이며 기다리자는 생각입니다. 이러한 생각을 실현하기에 별채는 아주 좋은 공간입니다.

많은 사람에게서 집을 지으며 고생한 경험담을 숱하게 들었지만 그는 집을 짓는 과정이 행복했다고 합니다. 전문가를 믿고 오롯이 맡겼기 때문이지요. 이는 병원 일을 하며 얻은 지혜입니다. 환자는 병을 진단받으면 허둥대기 마련입니다. 온갖 소문에 귀 기울이며 전문가가 조언을 해줘도 자기 나름대로 판단하

안마당에서 바라보는 일본식 주택과 한옥 병원, 뒤편에 보이는 교회의 어우러짐이 묘하면서도 색다른 분위기를 자아낸다.

고 만병통치약에 속고 오판을 하기도 하지요. 그러다 치료 시기를 놓치는 경우도 종종 있습니다. 정답은 '믿는 의사에게 일임하라' 입니다. 믿는 의사를 어떻게 구할 것인가는 자신의 마음가짐과 노력에서 비롯됩니다. 건축가 조정구 씨는 그가 집을 짓기로 하고 3년 만에 찾은 파트너였습니다. 우스갯소리지만 아이가 넷이라는 말을 듣고 '이 사람이다' 하는 확신이 들었다고 합니다. 퍽퍽한 경쟁 사회에서 아이를 넷이나 낳아 키우는 일은 인간미가 넘치는 만큼 순수하다는 뜻이니까요.

그는 집에 있는 것처럼 편안하게 해달라, 바람이 불면 정원 구석에 앉아 있기 좋은 자리를, 비가 오면 한없이 마당을 내다보면서 커피 한잔 마시고 싶은 자리를 마련해달라는 등 소소한 생각들을 허물없이 이야기했고, 조정구 씨는 자신의 한옥을 짓듯 그 생각들을 자연스럽게 구체화했습니다. "환자들은 병원에 들어서면 마당에 온실처럼 꾸며놓은 아트리움에서 접수를 하고 한옥에 올라서서 진찰복으로 갈아입은 뒤 대청마루에서 순서를 기다립니다. 그리고 한옥방에서 의사를 만나지요. 신기하게도 대기 시간이 길어도 불평하는 이 하나 없어요."

임재양 씨는 어린 시절 한옥에서 살았는데, 그 추억은 그립지만 다시 살고 싶은 생각은 없었답니다. 춥고 불편했기 때문이죠. 한옥이지만 마당에 타일을 깔고, 대청마루에 소파를 두는 등 입식으로 꾸민 것도 이 때문입니다. 그리고 이것은 의학계에 부는 변화의 바람과도 일맥상통하는 부분입니다. "1970~80년대는 현대 의학의 전성기입니다. 원인이 속속 밝혀지고 치료 기술도 발달하면서 세상의 모든 병이 완치될 것만 같았지만, 10% 부족함을 해결하지 못하는 한계에 부닥쳤습니다. 병만 보고 인간을 보지 못한다는 비판도 있습니다. 그

위 왼쪽 : 사람들을 불러 모아 차 마시고, 빵 나눠주고, 현미 채식을 나누는 일이
행복한 부부는 대부분의 여유 시간을 별관 2층에서 보낸다.
위 오른쪽 : 우리 통밀로 만드는 건강 빵. 아내는 보드라운 밀가루 반죽을 할 때 가장 행복하단다.
아래 왼쪽 : 창가에 툭 놓인 바구니 속 노각의 모습이 정겹다.
아래 오른쪽 : 임재양 씨의 점심 식사. 오트밀을 곁들인 견과가 밥이요,
삶은 감자와 연근, 토마토, 브로콜리가 반찬이다.

래서 나온 것이 대체 의학, 보완 의학이고 결론은 통합 의학입니다. 균형적으로 인간을 보자는 겁니다. 이것이 제가 병원과 빵집, 한옥과 일본식 주택이 있는 복합 공간을 꿈꾼 궁극적 이유입니다." 일본식 주택인 별관 1층은 침실 두 개와 거실, 욕실이 있고 마당 쪽으로 엔가와라는 일식 복도가 둘러져 있습니다. 휴식과 명상 공간, 게스트 하우스로 활용합니다. 2층엔 식이요법 강의와 요리, 식사를 하는 주방이 있습니다. 그리고 이곳에서 아내 이현숙 씨가 빵을 굽습니다. 빵을 팔지는 않지만 이름도 지었답니다. '한입 별당'이라고요.

빵을 굽습니다

임재양 씨 부부는 빵을 좋아합니다. 일요일의 최고 행복은 아침 늦게 일어나 교회 갔다가 점심 무렵 들어오면서 빵집에서 갓 구운 빵을 사서 신선한 라테와 같이 먹고, 가까운 공원을 두어 시간 정도 산책하고, 저녁을 푸짐하게 먹고 〈개그콘서트〉를 보고 자는 것이라 말합니다. 하지만 상업 목적의 먹거리는 방부제, 식품 첨가제, 팽창제, 설탕, 소금 등이 많이 들어갈 수밖에 없습니다. 따끈한 빵을 먹고 싶다는 환자가 많습니다. 그렇다면 통밀로 제대로 만든 빵을 먹어야 합니다. 2층 부엌은 더 건강한 빵을 먹고 싶어 하는 일반 사람들에게 건강 빵을 전파하는 장소입니다. 건강한 우리 통밀을 쓰고 버터는 생략하며 설탕 대신 꿀을 넣습니다. 일주일에 한두 번 많이 구워서 인연있는 사람에게 나눠주고, 병원에도 냅니다. 대중교통을 이용하는 환자에게 한 봉지씩 나눠주는데 현재 병원에서 제일 인기 있는 것이 바로 이 빵입니다. 그리고 그는 환자들보다 먼저 현미 채식을 시작했습니다. 3년이 지난 지금, 체중이 15kg 빠졌고 몸은 비교할 수 없을 만큼 가뿐해졌습니다. 별채 2층 부엌에서 재료를 가지고 실

몸에 좋은 건강한 빵 만드는 일을 중심으로 한 별관 2층 공간은
가급적 가볍고 따듯한 느낌으로 완성하기 위해 경량식 목구조로 계획했다. 1층 천장의 높낮이가
다른 것을 반영해 테이블이 있는 다이닝룸과 맞은편 빵 만드는 주방에 단 차이를 두었다.

제 현미 채식을 하는 방법을 대중에게 쉽게 알려줍니다. 부엌은 사람들을 초대해서 같이 식사하며 노는 장소로 커다란 테이블을 두었습니다. 이 부엌에 60명까지 모인 적이 있답니다. 좋은 뜻을 가진 사람들은 누구나 와서 만날 수 있는 공간이지만 한 가지 원칙이 있습니다. '좋은 이야기만 하지 남의 말은 하면 안 된다'입니다.

또 꿈을 꿉니다

의사로서 그의 삶은 다른 의사들과 조금 다르다는 느낌이 듭니다. 1990년 개업한 후 골프 치고 놀 일만 남았을 때 그는 유방암만 진료하겠다고 선언했습니다. 지금은 특정 장기 하나만 전문으로 보는 것이 보편화되었지만 그 당시는 이런 병원이 없었습니다. 그리고 지금 또 다른 변화를 꿈꿉니다. "공학 분야에 메카트로닉스(mechanism + electronics)라는 개념이 있습니다. 결국 융합이란 이야기죠. 그러면 건축도 융합을 생각해볼 필요가 있습니다. 반드시 한옥은 전통적 구조와 방법만 고집해야 할까요. 바깥은 전통 한옥인데, 내부 구조는 하이테크로 무장하는 것은 어떨까요. 병원이지만 바깥은 소담한 정원으로 꾸며보는 것도 좋을 듯합니다." 임재양외과는 집 대문에서 바라볼 때 안쪽으로 좁아지다 오른쪽으로 꺾여 깊어지는 마당에는 소담한 야생화 꽃밭이 있습니다. 그리고 보니 마당을 거니는 환자, 대기실에 앉아 마당을 유심히 바라보는 환자들이 눈에 띕니다.

조경은 《정원 소요 - 천리포수목원의 사계》의 저자이자 꿈꾸는 정원사로 통하는 이동협 씨가 도왔습니다. 이동협 씨는 임재양 원장을 월간 〈행복이가득한집〉(이하 〈행복〉)에 소개해준 일등 공신이지만 마치 뫼비우스의 띠처럼 두 사람

ㄷ자형 한옥과 일본식 주택이 마당을 사이에 두고 마주 보는 구조.
기존 터에 자리 잡은 한옥과 적산 가옥을 존중해 새로 지었음에도 늘 그 자리에 있던 것처럼 포근하다.

의 인연에는 〈행복〉이 메신저 역할을 했습니다. 〈행복〉 구독자인 부부가 천리포수목원 기사를 보고 이동협 씨에게 메일을 보냈고, 이동협 씨는 임재양 원장의 따뜻한 글을 읽고 기꺼이 천리포수목원에 동행해 친구가 됐으니까요. 임재양 씨는 글쓰기를 좋아합니다. 〈행복〉 창간 24주년 기념호 '정말 하고 싶은 이야기'를 통해 '행복 결심, 행복 훈련'이라는 주제로 독자 공모전을 제안했을 때 글을 응모해 그의 귀한 경험담을 소개하기도 했지요. "나 혼자 잘 살겠다는 생각을 버려야겠다고 다짐합니다. 요즘 무척 행복 합니다. 걸으면서 자꾸 비우자고 생각하는 순간, 행복은 찾아왔습니다."

〈행복〉에 소개한 글의 일부입니다. 한옥과 일본식 주택이 마주하는 독특한 병원, 빵 굽는 아내와 함께 건강한 주거 문화와 식문화를 전파하는 임재양 원장은 이런 모든 인연의 고리가 〈행복〉에 있다고 말합니다. 담벼락 아래 작은 벤치를 두었는데 지나가는 동네 사람들이 너럭바위에 앉듯 잠시 숨을 돌리는 모습을 보면서 오늘도 '행복' 하다고요.

누구나 와서 차 한잔 마시는 다실.
장지방의 한지와 손수 제작한 젓가락 아트월에서 고졸한 멋이 느껴진다.

궁중음식연구원 한복려 원장의 원서동 한옥

내 어머니 부엌처럼
따뜻한 집

젊은 세대와 전통의 만남, 첨단 기법을 동원해 전시회를 색다르게 연출할 만큼 열린 사고를 가진 궁중음식연구원 한복려 원장. 요란하거나 과하지 않게, 마치 그의 인품처럼 오래 지나도 은은한 향이 나는 원서동 한옥을 찾았다. 느슨한 마음으로 쾌적하게 살 수 있는 사근사근하고 속 편한 집.

위 : 스무 평짜리 검박한 한옥이지만 대청마루의 폴딩 도어를 열면 누구에게나 활짝 열린 너른 무대가 된다.
집이지만 작은 전시회나 음악회 등 이벤트 공간으로도 활용할 수 있는 곳으로
디자인은 인엑스 디자인 현원명 소장이 맡았다.
아래 : 이 집은 마치 잘 고안한 삼단 합 같다. 그 안에 있는 가구나 살림살이, 한자리씩 차지하고 있는 장식품,
책장을 가득 채운 어마어마한 양의 책이 한옥과 멋지게 조화를 이루며 생활의 즐거움과 풍족한 느낌을
자아낸다. 마치 새가 전깃줄에 앉아 있는 듯한 형상의 찻주전자 컬렉션은 창문 아래 선반을 달아 올려두었다.

외국인 관광객으로 북적이는 창경궁 북쪽 담장길. 비교적 한산한 그 길을 올라가면 '궁중음식연구원'이라고 적힌 청홍빛 스테인드글라스 설치물이 반짝인다. 조선 궁중 음식의 명맥을 잇는 곳답게 아담하면서도 기품이 넘치는 한옥. 이곳은 음식을 통해 사람 사는 이야기를 담는 궁중 음식 연구가이자 무형문화재 제38호인 한복려 원장의 주거 공간이기도 하다.

하는 일 앞에 '궁중'이라는 수식어가 붙은 까닭일까. 우연이자 필연으로 궁궐 옆에 터를 잡은 지 16년. 선생은 지난 시간 동안 자신은 돌볼 틈 없이 오직 일에만 매진해왔다.

"비록 낡았지만 아담한 한옥과 이층집이 한 울타리에 있으니 연구원의 조건에 딱 들어맞았죠. 생의 마지막은 꼭 한옥에서 지내고 싶다는 어머니 바람도 있었고, 전수자를 위한 실습실도 필요했으니까요. 하지만 시간이 지날수록 연구 자료와 서적, 그릇, 식재료 등에 치이는 거예요. 옆집까지 확장해 연구원의 규모는 넓어졌지만 정작 나를 위한 공간은 단 한 평의 여유도 없었어요. 사는 데 불편한 것도 문제지만 손님이 와도 편하게 앉아 담소를 나눌 공간조차 허락되지 않았으니 근본 해결책이 필요했죠." 사람 사이의 정을 나누게 하는 것이 음식이라면 '집'은 그 음식의 연을 맺기 위한 장소이자 추억의 접점이다. 건강 밥상만큼 중요한 것이 건강한 집. 그는 고민 끝에 한옥을 레노베이션하기로 용단을 내렸다.

자상한 마음이 엿보이는 집

레노베이션은 공간 디자이너 현원명 씨가 맡았다. 궁궐 옆에서 궁중 음식을 연구하는 것이 우연이자 필연이었듯 한복려 씨와 디자이너가 인연을 맺은 스토

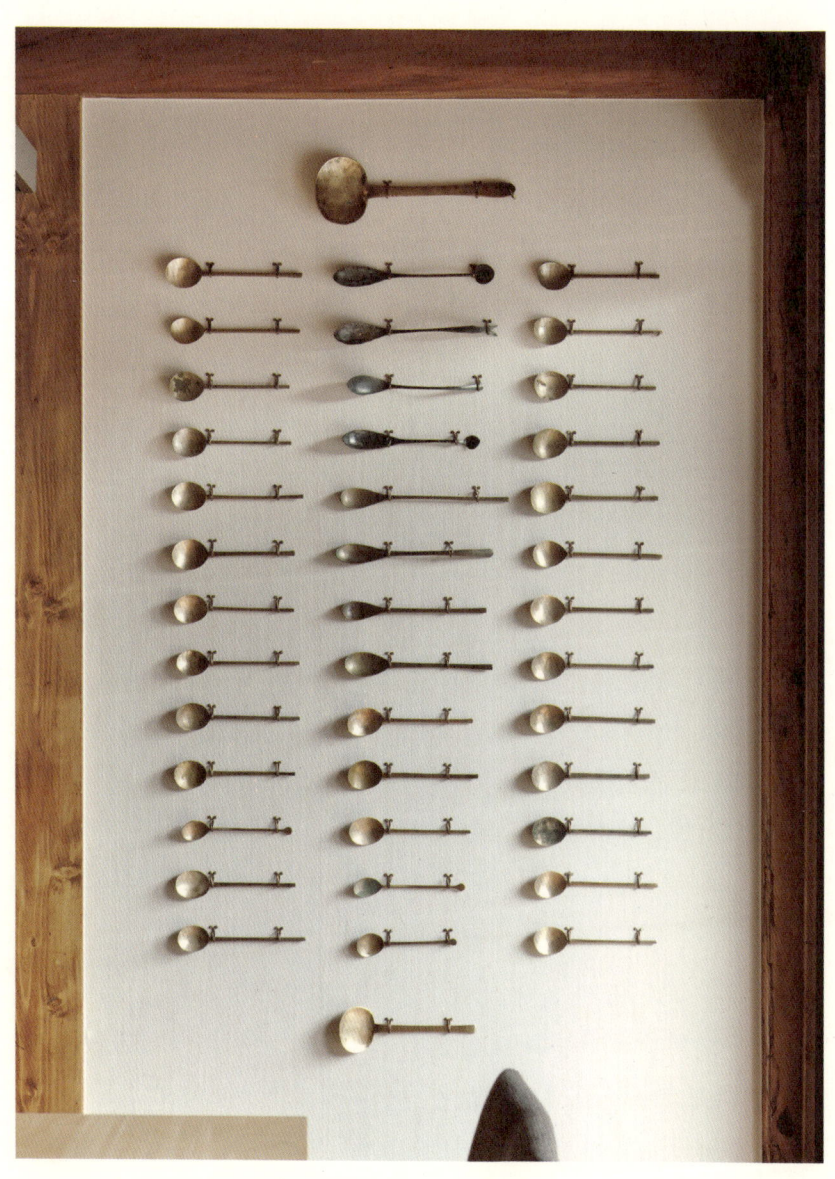

옛 숟가락을 조르르 걸어 완성한 아트월.

리 또한 그러하다. 동네 산책길에 발견한 레스토랑 '북스쿡스'의 입구. '스푼'과 '나이프'를 일렬로 걸어놓은 모습을 본 한복려 씨는 주인장에게 디자이너를 소개해달라 청했다. 연구원 간판에 식문화를 상징하는 의미를 담고자 한 터라 디자이너의 조언이 필요했고, 현원명 씨는 청홍빛 스테인드글라스와 스틸 프레임으로 전통을 재해석한 궁중음식연구원의 상징물을 완성했다.

"마침 함양에서 박이 세 덩어리가 와서 박죽 먹을 사람 모이라고 트위터에 올렸어요. 그때 현 소장이 스마트폰이 없었는데, 박죽 먹고 싶으면 트위터 친구가 되어야 한다고 했더니 다음 날 바로 스마트폰을 들고 왔어요. 현 소장을 비롯해 각계각층의 사람이 뒤죽박죽 모여 박죽을 먹는다고 해서 '뒤박당'이라고 이름짓고, 그때부터 식문화와 관련한 정기 모임을 갖고 있어요."

지난해 봄에는 뒤박당 멤버들과 힘을 합쳐 정해년 신정왕후 팔순 잔치를 재현하는 전시도 펼쳤다. 음식과 음악, 미디어 아트가 결합된 전시에서 현원명 씨는 공간 디렉팅을 맡았다. 그렇게 '숟가락' 하나로 인연을 맺은 두 사람은 이 작은 한옥에 주거, 손님 응대, 세미나를 위한 공간은 물론 연구 공간까지 담을 수 있는 방법이 무얼까 함께 고민했다. 불필요한 허식을 덜어내 집의 근원적인 매력과 형태를 느낄 수 있도록 개조한 스무 평 남짓한 검박한 한옥이 그 결과물이다.

이 집은 ㄱ자형 한옥이다. 동쪽을 향한 ㄱ자형의 가로 부분은 다실, 주방, 응접실 겸 서재가 자리하고, 남쪽을 향한 세로 부분은 대청과 침실, 욕실로 구성했다. 하지만 구조는 결코 단순하지 않다. 치밀하게 계산한 겹집 구조랄까? 응접실 옆으로는 세 계단 아래 레일형 서가가 있고, 대청을 가른 가벽 뒤로 드레스룸이 자리한다. 나아가 쓸모없는 공간은 조금도 허용하지 않으려는 듯 곳곳

다실에서 바라본 응접실 겸 서재. 한복려 원장의 업무 공간으로 복도를 따라 길게 배치한 책상과 오방색 비단 표구로 개성을 더한 책장이 포인트다.

에 치밀하게 선반을 배치한 아이디어와 좁은 공간을 활용한 아트월은 보는 이로 하여금 감탄을 자아내게 한다.

집을 천천히 둘러보고 있으니 "편안하신가요?"라고, 디자이너 현원명 씨가 묻는다. 그러고 보니 자못 복잡할 수 있는 구조지만 툇마루에 올라 다실부터 침실까지 나아가는 데 아무런 불편함이 없다. 처음 들어와본 곳임에도 "또 왔습니다"라고 말하고 싶은 기분. 발을 들여놓는 순간 무어라 표현할 수 없는 그리움과 안도감이 마음 깊숙한 곳에서 용솟음쳤다고 할까. 대체 무엇 때문일까, 응접실 겸 서재의 기다란 책상에 앉아 차를 마시며 다실을 바라보았을 때 비로소 그 정체를 알 수 있었다. 바로 이 집에 담겨 있는 수많은 '히스토리' 때문이다.

다실은 故 황혜성 선생이 쓰던 방으로 창문 너머로 연구원 회원이 오가는 걸 바라보던 곳이다. 누구나 와서 편안히 앉아 차를 마실 수 있는 이 공간의 백미는 바로 젓가락 아트월. 1백8개의 젓가락은 벽에 와이어를 부착해 하나하나 끼워 완성한 것으로 백팔번뇌를 상징한다. "젓가락은 어머니와 함께 30~40년간 여행을 다니며 모은 것이에요. 공사가 거의 마무리될 무렵 젓가락 뭉치를 들고 현소장을 쫓아다녔어요. 내가 들고 있는 건 젓가락이라는 사물이지만, 디자이너는 이러한 컬렉션을 통해 내가 어떻게 살았고 어떤 생각을 하는지, 그래서 궁극적으로 무엇을 원하는지까지 알 수 있을거라 믿었죠." 그다음부터는 말하지 않아도 척척 진행되었다. 현원명 씨는 대청마루 한쪽 벽은 어머니 사진을 담은 액자를 달아 히스토리 월로 꾸미고 맞은편 벽은 옛 숟가락으로 가득 채웠다. 그리고 집의 중심이 되는 대청마루의 벽면 수납장 위에는 각양각색의 함, '밥통' 컬렉션을 두었다. 우리 음식의 근간은 밥에서 시작하니 밥통과 숟가락 그리고 한옥, 참 잘 어울리는 조합 아닌가.

대청마루를 나눠 한쪽은 드레스룸으로, 한쪽은 다이닝룸 겸 갤러리로 활용한다.
짐이 줄어드니 자연히 집이 넓어졌다고.

무한한 확장이 가능한 집

디자이너는 이 집만을 위한 특별한 가구를 디자인했다. 나무 박스를 비단으로 감싸 선반 받침으로 활용한 책장이 그것. 혜경궁 홍씨 회갑 잔치를 기록한 고서에서 영감을 받아 제작한 것으로 책장 선반과 테이블 단면, 대청 수납장에 활용했다. 또 한옥에서 가장 고민스러운 '수납'은 기발한 아이디어로 해결했다. 우선 서고로 활용하던 지하 공간은 이중으로 책장을 짜 넣고 가운데는 기찻길처럼 레일을 달아 이동할 수 있는 책장을 설치했다. 그릇은 대청마루의 12폭 벽면 수납장을 가득 채웠다. 유심히 보았다면 눈치챘을 테지만 이 집은 대청마루가 좁은 편이다. 2:1 비율로 나눠 가벽을 세운 뒤 뒤쪽을 드레스룸으로 활용하는 재치를 발휘한 것. 주방 싱크대 옆 10cm 남짓한 공간에 가위를 조르르 걸어두고, 툇마루 아래에는 문을 달아 신발장으로 사용하는 아이디어도 재미있다.

"흔히 친한 사이일수록 일로는 만나지 말라고 하잖아요. '뒤박당' 모임에서도 많이 말렸습니다. 하지만 과연 지근한 거리에서 한복려 원장의 삶의 터를 바꿀 수 있는 사람이 누구일까 생각해보니 고민할 필요가 없더군요. '내가 풀어보자!'고 작정하고 공사 기간 내내 연구원에서 아침, 점심, 저녁 세끼를 먹었어요." 현원명 씨는 "좋은 디자인은 좋은 의뢰인에게서 나온다"는 말을 철칙으로 삼는다. 보편적이지 않은 방식을 선택하더라도 믿어주고 의뢰인이 함께 고민할 때 걸작이 탄생하는 법. 열어들개문과 폴딩 도어, 향나무 대청마루와 원목 마루…. 전통의 맥을 잇는 곳인 만큼 전통을 고수해야 한다는 틀을 깨기 쉽지 않았을 텐데 이 역시 현명하게 풀어나갔다. '누구를 위한 디자인인지'를 생각하면 의외로 간단 명료하다는 것. 결국 집이란 생활의 실마리가 되는 부분이 모이고

위 왼쪽 : 붙박이 수납장을 비단으로 멋스럽게 커버링하니 갤러리 같은 공간이 완성되었다.
위 오른쪽 : 주방 옆 틈새 공간에 각종 가위 수납.
아래 왼쪽 : 보일러실이던 작은 공간에 히노키 반신 욕조를 설치. 허투루 쓴 공간이 없다.
아래 오른쪽 : 합판과 합판 사이, 선반 받침을 비단으로 감싼 아이디어.
원단의 종류와 빛깔, 문양은 한복려 씨가 디자이너와 함께 다니며 직접 골랐다.

쌓여 완성되는 것 아닌가!

아침에 눈뜨면 빨리 오고 싶은 곳. '굿모닝'과 '굿나잇' 인사를 하며 40여 일 집을 고치는 동안 힘들기보다 설레었다는 디자이너와 밥해서 먹이는 즐거움이 컸다는 한복려 원장. 인터뷰를 마치고 집을 나서는데, 문득 르 코르뷔지에가 어머니를 위해 지었다는 '작은 집'이 떠오른다. 코르뷔지에의 모친이 백한 살까지 장수하고 돌아가시기까지 36년에 걸쳐 살던 집. 그리고 현원명 씨의 유쾌한 한마디가 머릿속에 맴돈다. "최소한 40년 사실 집이니까. 그렇죠, 선생님. 편안하시지요?"

김병종 화백의 퇴촌 한옥 '함양당'의 일부 모습.

김병종 · 정미경 씨 부부의 퇴촌 한옥 '함양당'

은행나무 아래에서 펼쳐지는
'행단일기杏壇日記'

은행잎이 떨어지기 시작하는 어느 날, 〈생명의 노래〉 연작으로 유명한 김병종 화백의 퇴촌 한옥을 찾았다. 보름달이 맺어준 인연으로 햇볕을 담뿍 머금고 가을마다 노란 옷으로 갈아입는, 작지만 의젓한 집 '함양당含陽堂'. 전통은 지키되 불편한 점은 개선한 실용 한옥의 모범 답안이다.

이 한옥은 이름이 세 개다. 양의 기운을 받는다는 '함양당'(안채), 모든 것이 협력해 선을 이룬다는 뜻의 '협선재'(별채), 그리고 공자가 은행나무 아래서 제자를 가르쳤다는 행단에서 모티프를 얻은 '행단시사'(뒷마당). 특히 이 터에는 뒷마당 너머 늠름한 은행나무가 서 있는데, 은행나무를 보는 순간 마음이 차분해진다.

한 주 전만 해도 푸른 기운이 남아 있던 나뭇잎들이 어느새 샛노랗게 변하더니 하루가 다르게 잎사귀들이 떨어져 듬성듬성 하늘이 보인다. 거리마다 조금씩 흩날리는 은행잎을 보니 문득 화가 김병종 씨의 퇴촌 한옥이 떠올랐다. 몇 년 전, 왕십리에서 1백 년 된 한옥을 찾아 퇴촌으로 옮겨 지은 그는 몇 번의 취재 요청에 '진면목은 은행잎이 떨어지는 계절에 볼 수 있다'며 시기를 맞춰보자 약속했고 두 해를 넘기고서 만남은 성사되었다.

볕 좋은 은행나무 집, 색을 입다

햇살이 명주 이불처럼 낭창낭창하던 늦가을 오후, 양의 기운을 받는다는 뜻을 지닌 '함양당'을 찾았다. 당호처럼 팔당 호수가 내다보이는 볕 좋은 터에 돌담을 끼고 아담하게 자리 잡은 한옥. 마치 따뜻한 햇살을 받으며 함박 웃음을 짓고 있는 듯한 독특한 대문을 지나 마당에 들어서니 지붕 너머로 운치 있는 소나무와 단풍, 은행나무 퍼레이드가 펼쳐진다. "15년 전쯤, 문화진흥원장을 지낸 김정옥 선생의 초대로 이곳에 보름달 구경을 왔어요. 조각보 같은 집 마당에서 바라보는 달이 어찌나 예쁘던지… 제가 이 터를 무척 마음에 들어 했더니 선생이 선뜻 '자네라면' 하시더라고요. 그렇게 생각지도 않던 시골 주택을 장만하고 10여 년 동안 글 쓰는 아내의 글방으로, 주말 휴식처로 잘 사용했지요. 집이 낡아 보수와 재건축을 고민하던 중, 아예 한옥을 짓자 결심하고 전국의 고택들을 찾으러 다녔어요."

그림을 그리지 않았으면 건축을 공부했을 거라는 김병종 씨. 서울대학교 동양학과 학부 시절, 스승이던 서세옥 화백의 한옥을 구경갔다가 큰 감동을 받았다는 그는 평소 전통 건축에도 관심이 많았다. 서울 생활이야 대부분이 현대

책가도를 형상화한 책장과 자투리 공간을 활용한 다락 등 살림집의 실용성을 고려한 면면이 눈에 띈다.

건축물 안에서 지내지만 사실 한국인의 DNA는 한옥을 기억하지 않겠냐는 것. 또 대청에서 시회도 열고, 소수 정예의 대학원 제자들과 야외 수업을 하는 상상도 펼쳤단다. 공자가 은행나무 아래서 제자를 가르쳤다는 '행단杏壇'과 시를 짓는 터라는 뜻의 '시사詩社'가 합쳐져 '행단시사'로도 부르는 이 집은 마침 뒷마당에 커다란 은행나무도 있으니, 그의 로망을 풀어내기에 제격이었다.

"한옥 짓기는 인연이 중요해요. 신재로 짓고자 하면 언제든 지을 수 있지만, 옛날 집을 그대로 옮기려면 2년이고, 3년이고 기다려 제 짝을 만나야만 가능하죠. 짓고자 한들 집이 나오지 않으면 무슨 소용이며, 집이 나온다 한들 지으려는 사람이 없으면 그저 낡은 집일 뿐이니까요." 김병종 씨의 한옥 짓기는 왕십리에서 마음에 꼭 드는 구옥을 발견한 뒤 비교적 순조롭게 진행됐다. 지은 지 1백 년 정도 되는 한옥은 작은 규모에 비하면 공간 배치도 야무진 편이었고, 서까래와 굴도리 모두 실한 것이 마음에 들었다. 그대로 뜯어서 번호를 매겨 옮긴 뒤 대목, 소목, 문짝, 마루, 담장, 칠, 가구, 조경 등 여기저기에 숨어 있는 장인들을 섭외해 진행한 10개월의 집짓기. 목수와 장인 섭외 등 총감독은 이웃에 사는 고미술 전문가 최종진 씨가 맡았고 대전의 양영식 씨가 대목으로 참여했다. 김병종 씨는 한옥 짓기에 참여한 모든 이에게 집 곳곳에 이름을 새기거나 그림을 그리는 등 흔적을 남기게 했는데, 마치 숨은 그림 찾기처럼 구석구석의 흔적을 찾는 재미 또한 쏠쏠하다. 황토로 마감한 별채의 당호 '협선재(협력해서 선을 이루는 집)'는 아마도 모든 장인을 향한 그의 고맙고도 애틋한 마음이 반영된 것이리라.

불편한 점을 개선한 실용 한옥 함양당의 장점은 동선이 편리하다는 것이다. 마당에서 마루로 올라오면 마루 양쪽으로 방과 부엌, 안쪽으로 방이 하나 더 이어지는 구조. 마루를 중심으로 부엌 맞은편 방문을 열면 하나의 열린 공간이

위 : 〈생명의 노래〉 스케치를 본떠 금속으로 제작한 대문은 한옥에서는 굉장히 파격적인 디자인이다.
아래 : 2층 책장과 경상을 좌우 대칭으로 배치하고 선반장을 달아 도자, 베개 등 컬렉션을 장식했다.
2층 장은 오동나무의 결을 살리기 위해 인두로 지져서 까맣게 만드는 낙동법으로 제작한 것.
책을 눕혀 수납하는 용도로 사용한다. 도자는 권대섭 작가의 작품이다.

된다. 한옥이 스무 평만 되어도 커 보이는 이유는 이처럼 자유자재로 공간을 확장할 수 있기 때문. "집의 규모는 작지만 그래도 문사의 집이 아니었나 추정합니다. 대청을 가운데 두고 양쪽 방문을 열면 족히 수십 명이 모일 수 있는 구조이기 때문이죠. 이 대청에 앉아 시회도 하고 판소리도 감상하지 않았을까요."
대청에는 통나무 고재로 우물마루를 깔았다. 우물마루는 짧은 널을 가로로, 긴 널을 세로로 놓아 우물 정# 자 모양으로 짠 마루를 말하는데, 아름답기는 하지만 마루 두께가 4~5cm나 되니 난방은 불가능하다. 자고로 집의 어느 한 부분은 난방을 하지 않는 곳이 있어야 하는 법. 한겨울 불기 없는 대청을 지나 안방에서 건넌방으로, 부엌에서 화장실로 깎지 발로 뛰어가는 것 또한 한옥 살이의 낭만 아니겠는가? 함양당의 대청마루는 걸을 때마다 삐거덕 소리가 나는데, 이는 나무 아래 숯을 넣었기 때문이란다. 그래서 마루에 앉아 있으면 숯향기가 솔솔 올라오는 것은 물론 습도 조절, 방충 효과도 있다. 집 짓는 모든 재료는 전통 육송을 사용했다. 고택의 구재임에도 색이 밝은 연유를 물었더니 여섯 번 닦아낸 결과란다. 세월의 흔적을 품고 있는 서까래, 기둥, 보는 샌딩해 뽀얀 속살을 찾았고, 한옥의 포인트라 할 수 있는 창호 문살은 모두 김병종 씨가 직접 디자인해 달았다. 문 위쪽과 문짝 바깥 창을 모두 페어글라스로 마감해 채광과 단열을 확보한 것 또한 이 한옥의 특징이다.
이처럼 요즘 지은 한옥은 현대식 주방과 화장실, 냉난방에 보안 시스템까지 현대 생활에 필요한 모든 것을 갖추고 있다. 함양당 역시 주방은 온돌 마루를 깐 편리한 입식 공간으로, 전통적 아름다움에 충실하면서 한편으로는 누구나 사용하기 적합한 편리함을 갖췄다. 또한 화장실 천장 위쪽 남는 공간을 벽장으로 만들어 수납공간으로 활용하는 재치도 발휘했다. "벽장 아래 책장은 책가도를

위 왼쪽 : 황토로 마감한 별채 '협선재'에 마련한 기도방. 모든 것이 협력해 선을 이룬다는 것 또한 성경 로마서에 나오는 구절인데, 이처럼 성경 구절로 당호를 지은 경우는 아마 처음이 아닐까 싶다. 협선재는 황토로 마감해 한겨울에도 뜨끈하게 지낼 수 있다.
위 오른쪽 : 12지를 상징하는 목각 인형을 창틀, 선반에 장식했다.
아래 왼쪽 : 부엌은 우물마루 대신 온돌 마루를 깔고 시스템 주방 가구를 설치했다.
아래 오른쪽 : 삼나무 향이 그득한 화장실. 샤워 부스 아래 나뭇결 사이사이로 물이 배수된다.

응용해 만든 거예요. 책만 넣는 것이 아니고 도자기, 액자 등 오브제도 함께 장식하는 용도로 제작했지요. 방에 있는 고가구는 전통 기법 그대로 제작한 리프로덕트죠." 아기자기한 컬렉션이 제법 많아 방과 부엌에 선반장을 설치했는데 주로 도자나 베개 등을 조르르 장식한다. 문짝 위 틀에는 12지를 상징하는 목각 인형을, 틈새 공간에는 '福'이라고 적힌 금속 장식물을 곳곳에 장식하고 붓, 한복을 걸쳐두던 횃대 또한 벽 장식에 활용한다. 그렇다면 한옥 방에는 어떤 그림을 걸면 좋을까? 작은 벽면에는 편화, 곧 아주 작은 그림을 거는 것이 좋고, 완당 글씨의 인쇄물 같은 것을 액자에 넣어 걸어도 좋다고 조언하는 김병종 씨.

함양당은 집 안은 물론 마당 곳곳에서도 손맛 나는 작품을 만날 수 있다. 〈생명의 노래〉 연작 스케치를 비뚤빼뚤하게 황토집 벽, 문틀, 바닥에 새긴 것. 또 한옥에는 결코 어울리지 않을 것 같은 색색의 철 대문, 아궁이 덮개까지… 〈생명의 노래〉 연작이 공간 곳곳에 살아 숨쉬는 느낌이다. 김병종 씨는 이곳에 오면 마음이 그냥 편하다. 커다란 나무가 태풍 때문에 쓰러져서 속상했는데 곧 더 먼 산이 보이더라는 것. 하나를 잃으면 하나를 얻는다는 사실을 그는 이 대청에 앉아 다시금 깨달았다. "콘크리트 건물에 앉아 바라보는 은행나무와 한옥 대청마루에 앉아서 바라보는 은행나무는 분명 다르지요. 대청에 앉아 창밖을 내다보면 먼 산까지 그대로 내 집 정원이고, 콘크리트 건물 너머로 바라보는 산맥은 그저 산맥일 뿐입니다."

하얀 눈이 소복이 쌓이면, 꽃피는 봄이 되면 이 집의 대청에 또 앉아보고 싶다. 은행 잎이 우수수 떨어지며 비처럼 흩뿌려질 때가 가장 아름답다고 했지만, 볕이 따사로워지는 봄에 대청에 앉아 먼산을 바라보면 또 다른 심상을 느낄 수 있을테니.

부산시립미술관 조일상 관장의 시골집.
마당에서 바라본 한옥의 모습. 대문 안으로 갤러리를 엿볼 수 있다.

부산시립미술관장 조일상 씨의 한옥

오래된 것에 대한 존경,
그 마음 가득한 시골집

"옛집이 없는 마을은 추억이 없는 사람과 같다." 일본의 한 화가가 남긴 이 말을 불씨로 추억을 지펴본다. 산딸기 먹으며 생일잔치하던 친구네 한옥도, 바깥에 있는 화장실 가는 게 영 귀찮던 할머니의 단층집도 연기처럼 사라졌으니 그야말로 추억이 없는 사람이 되었다. 그 서글픔을 위로하는 곳, 부산에 자리한 조일상 씨의 시골 한옥이었다.

한옥 뒷마루의 문을 열면 갤러리 통창 밖으로 한적한 마당 풍경이 한눈에 들어온다.

어느새 마이애미 해변처럼 변해버린 호사스러운 해운대를 벗어나 자동차로 20~30분 달려 도착하는 작은 마을. 이곳엔 옛집이 자리하고 있다. 전국 각지에서 수집한 도구, 조형물 등 사람의 추억이 쌓인 물건들이 문간부터 서까래까지 가득 놓인 이곳은 부산시립미술관 조일상 관장이 15년간 다듬고 있는 작품 '시골집'이다.

목공예가의 작품이 된 한옥

다른 지역에서 토지 공사를 하느라 허문 한옥을 어느 목수가 옮겨 지은 작은 집. 목수는 방 두 개, 좁다란 대청마루와 부엌이 있는 작은 한옥에 시멘트를 바르고 장판을 깔고 살았다. 몇 해 후 목수가 이 낡은 한옥을 매물로 내놓아도 나서는 이가 없었지만, 종종 마을을 지나다니던 '목공예가 조일상'의 눈에는 이 집이 달라 보였다. '버리면 사라지는 옛것을 깨워 다시 숨 쉬게 만들면 예술이 된다!' 조일상 관장은 이 미학을 30년 전, 홍익대 미대 재학 시절 은사이던 故 이대원 화백의 작업실 벽에 걸린 대패 세 개를 보며 깨달은 덕분이다. 촌부의 손때가 묻은 대패 세 개를 작품으로 내건 이대원 화백의 발상도 파격적이었고, 새하얀 벽과 낡은 도구가 조화를 이룬 예술적 숭고함도 파격적이었다. 그 놀라운 감상을 은사께 전하자 "자네는 목공예를 하니, 대패를 모아라"는 덕담이 돌아왔다. 그 후 30년, 부산 동아대학교 미대에 경상남도 최초의 공예과를 만들고 미대 학장, 해운대에 위치한 부산시립미술관의 관장으로 직이 바뀔 때에도 목공예와 오래된 도구 수집이라는 업을 한결같이 지켜왔다. "진주, 안동, 순천, 강원도까지 여행할 때마다 대장간에 가고 시장에 가서 30년간 모았습니다. 대패, 망치, 낫, 소 방울 등 기계가 도구를 대신할 때까지 오랜 세월

위 : 전국 각지에서 수집한 도구, 조형물 등이 가득한 갤러리.
아래 : 갤러리에서 디딤돌 하나만 올라서면 옛 정취를 오롯이 간직한 방과 툇마루,
주방으로 구성된 소박한 한옥이 펼쳐진다.

깎고 다듬고 두드려 만든 도구는 무척 아름답습니다. 기능에 가치를 두었을 때 미처 발견할 수 없었던 '형태의 아름다움'을 이제야 발견하는 것이지요."

옛 대장간에서 공짜로, 혹은 시골 상점에서 5천 원, 1만 원을 치르며 30년간 모은 도구에 예술의 손길을 더해 작품을 만드는 그에게 이 한옥은 작품을 위한 오브제다. 아니 작품 그 자체다. 설계사를 고용하고 완벽한 계획을 세워 한옥을 단번에 고치는 게 아니라, 서서히 느리게 작가의 손으로 고쳐온 15년의 세월이 곧 예술 작업 자체다. 시멘트와 장판을 떼내고 단단한 고목의 아름다움을 드러나게 하는 데만 수년이 걸렸다. 한옥을 잘 아는 목수나 장인이 드문 데다 종종 일을 도와주던 목수마저 세상을 뜬 후론 부부가 어깨너머로 배우고 익힌 깜냥으로 '시골집 고치기'라는 예술 활동을 했다.

"조금씩 고치니 시행착오를 겪고 더 많은 비용과 노력이 들었지요. 그러나 앞으로 또 어떻게 더 다듬어질지 알 수 없습니다. 이 집은 공예가가 완성하는 작품이니까요. 도시를 개발할수록 한옥의 조형을 그대로 보전하는 것이 도시 발전에 이롭고 중요합니다. 산 좋고 물 좋은 곳의 한옥도 좋지만 양옆에 공장을 세워도 그 자리에 그대로 서 있는 한옥. 이 역발상이 예술을 하는 사람이 갖추어야 할 덕목이며, 이 시대를 살아가는 데 필요한 생각입니다."

가족의 고전이 된 시골집

한옥 내부를 고유한 모습으로 되살리고 방 한편엔 미국에 교환교수로 갔을 때 선물 받은 앤티크 난로를 놓았다. 처마 너머로 지붕을 연장하고 디딤돌 아래에는 보일러가 들어오는 바닥을 만들었다. 연장된 지붕에 하늘을 향해 작은 천창까지 내니 한옥 마당은 종일 빛이 드는 아늑한 실내로 바뀌었다. 현대식

갤러리에서 바라본 한옥 내부. 생활 공간과 감상 공간이 자연스레 이어지고 조화를 이룬다.

실내 공간과 옛 한옥 공간이 서로 간섭하지 않고 반절로 접은 종이처럼 접지해 파격적인 공간이 만들어졌다. 이 공간에 그가 30년간 모은 도구와 골동품, 이를 오브제로 만든 작품을 전시한다. 오래된 것을 존경하는 마음이 가득한 '시골집' 전체가 운치 있는 작품으로 탄생한 것이다.

이 시골집은 특히 그가 부산시립미술관의 관장을 맡은 요 몇 해 동안에는 민간 외교 공간의 역할을 톡톡히 했다. 그나마 경복궁과 한옥 마을이 남아 있는 서울과 달리 부산에는 우리 전통문화를 느낄 수 있는 공간이 극히 드물다. 외국에서 작가나 손님이 와도 우리의 옛것을 보여줄 곳이 없다. 그럴 때 손님을 시골집에 데려와 소박한 차 한잔을 대접한다. 햇살 드는 갤러리에 앉아 툇마루 너머 이어지는 한옥과 오래된 도구를 감상하며 최고의 대접을 받았다고 감격해하던 많은 손님을 보며 조일상 관장 부부는 이 집에 애정이 더욱 깊어졌다. 호텔이나 공연장이 아닌 시골의 여염집이 가장 고급스럽고 가장 예술적인 사교 공간이 될 줄 15년 전에는 미처 생각하지 못했지만, 소박해서 더 아름다운 복숭아꽃처럼 세월이 갈수록 아름다움을 더욱 은근하게 드러내니 시골집을 극진히 사랑할 수밖에.

툇마루 위 현관의 '석원재石垣齋'라는 한자는 올해 아흔일곱 되신 부친이 직접 쓰셨다. "돌담이 있는 집이라는 뜻이지요. 사람이 큰 담은 아니더라도 작은 담 정도는 되어야 한다고 말씀하셨습니다. 보호와 경계가 되는 삶을 일컫는 것이지요. 흔히 큰 집이 좋아 보여도 사는 사람에게는 그렇지 않아요. 작아야 좋아요. 부부가 직접 가꿀 수 있으니까요. 갖고 있는 골동품을 다 내놓고 볼 수 없어서 그게 아쉽죠. 하지만 갤러리의 골동품을 자주 바꾸고, 보고 싶은 것이 있으면 꺼내어 보면 됩니다. 이제는 지난 30년간 모은 것을 정리해서 사회와 나

위 : 한옥과 갤러리 공간의 오른쪽 측면을 연결해 꾸민 작업실.
수집한 도구를 전시하고 조일상 관장이 작업하는 곳이다.
아래 왼쪽 : 미국에서 교환교수를 마치고 한국에 돌아올 때 선물 받은 앤티크 난로. 세월의 흔적을 오롯이 간직한 이 난로는 고즈넉한 한옥에 세월과 전통의 온기를 불어넣는 또 하나의 특별한 오브제다.
아래 오른쪽 : 갤러리에서 옛 도구를 감상하는 조일상 관장. 이 공간은 너른 통창과 천창이 있어 마치 마당에 앉아 있는 것처럼 밤낮으로 햇살과 별빛이 쏟아져 들어온다.

누어야 할 나이가 된 듯합니다."

갤러리와 한옥이 맞닿은 측면은 미술관의 수장이기 전에 대한민국 국전에서 대상을 수상한 예술가이자 대학교수인 그의 작업실이다. 그 반대편 공간엔 연장과 나무를 보관하고 아궁이와 무쇠솥을 놓았다. 아흔일곱과 아흔셋 되신 양친과 서울에 사는 네 자녀, 그리고 강아지 같은 네 손주가 석원재로 모이면 조일상 관장의 아내는 아궁이에 불을 지피고 무쇠솥에 물을 펄펄 끓여 토종닭을 삶는다. 사위는 마당에서 고기를 굽고 그는 나무를 타고 올라가 손주에게 줄 토실토실 살이 오른 대봉을 한가득 따온다. 깔깔깔깔 호호호호, 오래된 사람과 새로 태어난 사람이 세대를 뛰어넘어 이룬 화목한 기운이 시골집에 가득 찬다. 도시에 없는 고전, 핵가족에 없는 고풍이 작품으로 정으로 피어나는 시골집에서 대가족은 '추억'을 쌓는다. 도구를 눈으로 보고 손으로 만지며, 사람을 보듬고 어루만지며 사람이나 물건이나 오래된 것을 존경하는 마음을 깨우친다. 추억이 사라져버린 요즘 세상에서 더 이상 옛것이 밀려나지 않도록 작은 담이라도 되어 옛것을 지키려는 조일상 관장. 그의 30년 노력 덕분에 우리 사회는 추억을 얻는다. 손으로 도구를 만들어 쓰던 옛사람의 추억, 아끼고 보살피는 가족의 추억, 그리고 전통이 곧 예술이라는 감탄과 감동의 추억이 석원재의 담을 넘어 세상으로 세월로 흘러가는 덕분이다.

대청마루에 걸린 추사의 글씨 '유천희해遊天戲海'.
'하늘에서 놀고 바다를 희롱한다'는 뜻이다.

이탤리언 레스토랑 '나무와 벽돌' 윤영주 사장

가회동 31번지 무무헌無無軒,
지나가는 사람도 배려하는 마음

서울 종로구 가회동 31번지 일대는 한옥의 형태가 비교적 잘 보존되어 있다. 고즈넉한 골목길 중간, 소나무 가지가 길가를 향해 빼꼼 고개를 내민 집이 한 채 있다. 남향의 반듯한 집, 봄이면 꽃향기가 행인의 발길을 붙잡는다. 이름은 '무무헌'이다.

큰방과 대청마루가 보이는 무무헌의 실내. 한국적인 미감이 살아 있는 반닫이가 앞쪽에 놓여 있다.
오랫동안 취미로 붓글씨를 써온 집주인 윤영주 씨가 쓴
'일체유심조一切唯心造'(일체는 오로지 마음이 만든 것)가 걸려 있다.
그가 앉은 뒤편으로 골동품 몇 점과 그가 좋아하는 화가 원계홍의 그림,
우연히 구입하게 된 조선시대 화가 신위의 대나무 그림도 보인다.

이 집에는 당호가 걸려 있지 않다. 주변으로 줄지어 서 있는 열아홉 채의 이웃들과 비슷해 보인다. 그러나 벽에 작은 문을 낸 담벼락 옆으로 가면 생각이 달라진다. 밖으로 삐죽 고개를 내민 소나무 아래로 나 있는 작은 나무문(전문 용어로는 '주마창朱馬窓'이라고 한다)을 옆으로 밀어 틈새로 집 안을 들여다보니, 금낭화가 한창이다. 작약 꽃망울은 부풀어 오르고, 주변으로 매화나무, 꿀풀, 둥글레, 비비추, 매발톱, 작약 등이 동그라니 무리를 이루고 있다. 무무헌은 광화문의 이탤리언 레스토랑 '나무와 벽돌'과 가회동의 '가회헌'을 경영하는 윤영주 사장이 주인이다. "제가 젊은 시절부터 반닫이 같은 우리 문화재를 좋아해서 황학동이나 장안평 같은 곳을 다니며 조금씩 수집했습니다. 그러다 보니 점점 더 진심으로 우리 문화재를 좋아하게 되었습니다. 그래서 하느님이 '그 정도로 좋아하니 이 한옥을 가질 만한 자격이 있노라' 라며 돌보게 하지 않았나 생각합니다."

담벼락에 창문을 낸 집

2004년 구입한 대지 53평, 건물 31평의 집을 설계한 이는 건축가 황두진 씨. 사고석과 전돌, 회 마감으로 외부를 단장하고 한지도배로 내부를 마감했다. 건축주와 건축가는 전 주인이 만들어놓은 형태를 변형하지 않는다는 큰 틀 아래 원형성을 살리는 데 중점을 두기로 의견을 모았다. 전 주인이 입식 부엌을 만드느라 위치를 뒤바꾸었던 안방과 부엌은 제자리로 돌려놓았다. 이로써 부지런한 어머니들의 공간이었던 부엌이 아침 해가 잘 드는 동쪽으로 열려 있는 이 집의 덕목을 온전하게 되살릴 수 있었다. 이와 함께 어린 시절 비슷한 형태의 집에서 자란 집주인의 희망에 따라 다락도 복원했다.

별채 입구. 담벼락에 낸 작은 나무문이 정겹다.

"한옥은 방의 구분이 따로 없어요. 큰방, 작은방 정도로 구분하죠. 그곳은 이불을 깔면 베드룸, 상을 차리면 다이닝룸, 가족들이 윷놀이를 하면 리빙룸이 되었죠. 선조들의 지혜로움을 엿볼 수 있는데, 인구 과밀의 숙제를 안고 있는 현대 사회의 전 세계인이 배워야 되지 않을까 생각합니다. 한옥은 규모는 작아도 내적인 공간이 넓거든요."

윤영주 씨가 우리 문화재를 아끼고 사랑하게 된 데는 계기가 있다. 그가 서실에 다니며 서예를 배우기 시작하고 불교문화에 관심을 갖기 시작하던 대학 시절 무렵이었다. 그 즈음 우리 문화를 연구하는 미국인 부부를 만난 적이 있다. 그 부부와 함께 진관사에 가기 위해 두 사람이 머물던 숙소를 찾은 그는 우리 백자 잔에 커피를 마시는 부부의 모습을 보게 되었다. 우리 문화를 아끼고 감사하는 두 사람을 보며 충격과 부끄러움이 동시에 일어났다. 그리고 '나라도 지금부터 공부해서 힘닿는 대로 우리 문화재를 지켜야겠다'는 생각을 깊이 하게 되었다. 그 결심이 발아해 소반, 반닫이 등의 목기를 수집하던 그를 '초대형 목기'인 한옥의 주인이 되게 한 것은 아닐는지.

"전통 목기는 참 정다워요. 어쩌면 목기를 통해 옛날에 이것을 사랑했던 사람들과 교감하는 것일지도 모르겠어요. 그래서 더 좋아하는 것인지도 모르지요. 목기를 만들었던 사람이나 목기를 아꼈던 사람과 만나 이야기를 나눌 수는 없지만 그들의 마음이 느껴지는 것 같아요. 마치 음악회의 관객들이 연주를 듣고 함께 박수 치는 것 같은 느낌이라고 할까요? 그리고 우리 전통 목기들이 요즘에 창작된 웬만한 조각 작품보다 나은 것 같습니다."

안채와 사랑채를 잇는 부엌 마루에 앉으면 담장의 주마창이 보인다.

한옥은 굉장히 향기로운 집

무무헌은 살림용 공간이 아니다. '자칫하면 우리 문화재가 남의 것이 될지도 모른다'는 절박함에서 찾게 된 이 한옥은 사랑방 같은 곳이다. 준공한 이후 한옥 건축에 관심을 가진 대학생들, 우리 전통문화에 관심이 있는 내·외국인들이 이곳을 찾는다. 우리 전통문화의 보존을 위해 애쓰는 아름지기 같은 단체에서 행사를 개최할 때에는 이 공간을 기꺼이 제공한다.

건축가 황두진 씨는 자신의 저서 《한옥이 돌아왔다》(공간사)에서 이 집의 가장 큰 특징으로 집 속에 집이 들어 있는 점을 꼽았다. "집의 평면은 대략 영어의 F자, 즉 권총 같은 형상이다. 그 권총의 손잡이 부분에 작은 집 한 채가 들어가 있었고 대문도 따로 있었다. 세를 놓기 좋은 구조로 매입 당시에도 세입자가 거주하고 있었다."(《한옥이 돌아왔다》, 17쪽). 시공은 '남성적인' 목수 김길성 대목이 맡았는데, 설계 기간 5개월, 공사 기간 7개월, 집 고치는 데 꼬박 1년이 소요되었다. "일본에게 우리 전통 도자기를 빼앗기고 왜사기를 받았다고 하지요? 제가 자랄 때에는 나무로 만든 전통 장, 반닫이, 소반을 버리고 호마이카로 만든 가구를 들여놓는 게 유행이었어요. 집 안 목기를 다 내다 팔았죠. 그런데 지금 호마이카 장롱이 어디 있습니까. 보존 가치가 없으니 남아 있지 않는 것이겠지요. (그러나 아무리 훌륭한 문화재도) 주인 스스로 그 가치를 모르면 남의 것이 되지 않겠습니까?"

집주인의 본관은 해남. 고산 윤선도의 후손이다. 선조의 정신을 강조하던 부친의 말씀이 알게 모르게 각인되었던가 보다. 어릴 적에는 고리타분하게 들렸던 그 말씀이 약관을 지나면서 생활에서 드러나기 시작한 것이다. 지금 돌아보면 뭐가 그렇게 좋아서 그랬나 싶을 정도지만, '우리 것'을 찾아다니던 그의 열정은

위 왼쪽 : 무무헌에 온 외국인들은 컴퓨터와 오디오가 놓여 있는 벽장이 열릴 때 깜짝 놀란다. 예전에 살던
사람이 공간을 넓히기 위해 개조하여 덧붙인 벽장은 지금 사물함과 소품을 전시하는 용도로 사용한다.
위 오른쪽 : 다락에는 여나믄 개의 소반이 놓여 있다.
집주인은 기회가 되면 무무헌에서 소반 전시회를 열고 싶다고 한다.
아래 왼쪽 : 이 집에서 가장 현대적인 공간인 부엌.
아래 오른쪽 : 소나무로 만든 한약장이 있는 별채. 창으로 아랫집 용마루가 보인다.

대단했다. "우리 목기를 대하고 있으면 겸허하면서도 비굴하지 않고 당당하면서도 오만하지 않고 그리고 수수한 듯하면서도 내적인 멋과 아름다움을 배울 수 있습니다. 우리 목기를 보노라면 장식을 배제하면서도 정곡을 찌르는 미니멀리즘의 극치가 느껴집니다."

불교 철학과 맞닿아 있는 당호 무무헌無無軒은 집주인이 직접 지었다. 없다는 마음마저도 사라지는 경지를 공부하고 싶어 하는 주인의 바람이 반영되어 있다. 그러니 무무헌을 있다고 해야 하나, 없다고 해야 하나. 대관절 있고 없음이란 무엇인가.

이 집은 두 개의 대문을 갖고 있다.
아래채로 통하는 아래쪽 대문을 들어서면 2층 구조로 된 한옥이 한눈에 보인다.

기쁘고 즐거운 모임이 있는 곳, 가회동

전통은 지키되
진화된 한옥

이 집은 밖에서 보기에는 그저 수수하다. 새로 지은 것 같기도 하고 예전에 있던 집을 새로 단장했나 싶을 정도다. 그러나 실은 새로 지은 집이다. 꽤 오랫동안 집 짓는 가림막이 쳐져 있었다. 결국 3년을 걸쳐 지었다 한다. 그리고 두 개의 대문이 보이는데 위쪽은 살림채로 들어가는 작은 문, 아래쪽 문은 아래채로 통하는 대문이다. 물론 어디로 들어가도 결국 안에서는 하나로 통한다.

살림채의 서재에서 건너다본 사랑채인 다실. 주련은 꼭 한문 시구로 써야 할까 고민했다.
현재 주련은 예나르에서 구입했지만 언젠가 아름다운 글귀를 지어서 만들고 싶다.

이 집이 있는 곳은 1981년 한옥보존지구로 지정되었으나, 주민들의 재산권 보호를 위해 1991년 해제되었다. 아마도 이때부터 한옥 이외의 집이 들어서기도 하고 또 어울리지 않는 재료로 마감한 공간을 만들어 쓰는 집도 생겨난 것 같다. 집주인은 자꾸 변해가는 동네가 안타까워 10여 년 전에 땅을 사두고 언젠가 한옥을 제대로 지으리라 결심했다 한다. 이 집은 복원한다 해도 의미가 없는 집 두 채를 헐고 다시 지은 한옥이다. 다만 새로 지은 것처럼 보이지 않으려 애를 썼다. 한옥은 새것처럼 만드는 것은 훨씬 쉽고 싸다. 그러나 오랜 시간을 머금은 듯 보이게 하려면 기와, 돌, 나무 모두 고재古材를 구해야 해서 시간과 돈이 많이 든다.

가회동은 〈태조실록〉에 의하면 태조 5년 1396년 한성부 북부 가회방으로 처음 기록되었다 하니 오래된 동네인 만큼 골목이 좁고, 불편한 곳이기도 하다. 이 곳의 집들은 작게는 20여 평에서 40평이 주를 이루고, 크다고 해야 60여 평 정도의 땅에 지은 집들은 이웃 처마와 이어지면서 들어섰다. 그러던 차에 몇 년 전 이 동네가 다시 한옥보존지구로 지정되면서 주말이면 관광객들이 줄지어 다니고 촬영 관광 명소가 되어갔다. 많은 관광객이 그저 대문과 담장만 보고 한옥을 봤다고 여기는 것이 마음에 걸려 경사진 길 아래쪽에 대문을 하나 더 만들어 개방하고, 여유 있으면 시조나 창을 듣고 가게 하려고 지하실을 만들기로 했다. 동네 이름인 가회동嘉會洞은 기쁘고 즐거운 모임을 뜻하므로 잘 어울리리라 해서 시작한 공사였다. 그러나 완공 무렵 대책없이 늘어난 관광객을 보면서 대문을 열어놓으면 감당할 수 없음을 깨닫고 막상 실천에 옮기지 못하고 있다 한다.

이 집은 경사를 이용해 아래채에 지하를 두고 20여 명은 족히 들어갈 공간을

아래채에서 살림채로 올라가는 계단.

만든 것이 가장 독특하다. 지하에서 위로 향하는 반계단을 올라가면 대문 밖 길과 같은 높이의 마당이 있다. 북쪽인 위쪽 대문으로 들어가면 살림채가 나오는데, 이 ㄷ자 살림채 마당에서 반계단을 내려가면 아래채 대문이 있는 마당에 다다른다. 안채 마당에서 이곳에 내려설 때까지 지하가 있으리라 생각할 수 없는 구조인 것이다. 실상은 현재 양쪽 대문 중간에 대문을 내고, 문을 열었을 때 왼쪽 반계단을 통해 지하로 내려가고 오른쪽 반계단은 살림채로 올라가게 하려 했다.

그런데 기둥이 다 올라간 뒤 풍수를 잘 아는 분이 보니 "왜 힘들게 아래에서 위로 올라가는 집을 만드느냐, 아래로 내려가야 옳은 법"이라 해서 위쪽에 대문을 내고, 실내 설계를 완전히 바꿨단다. 그러다 보니 기둥들을 옮기느라 새 집을 갖고 헌 집 만든 격이라고 한다. 이 때문에 내부에는 좁은 복도가 생기고 거실이 온전히 나오지 않았지만, 어찌 보면 의도하지 않은 이런 공간이 재미있어 보이기도 한다. 집주인은 '풍수는 보이지 않는 디자인'이라고 믿는다. 다만 미리 신경 쓰지 않은 것을 후회했지만, 기꺼이 풍수 전문가의 조언을 따랐다.

살림채는 '휴중당休中堂'이라 이름 붙였다. 바쁜 일상을 사는 주인이 한옥에서 쉬면서 지내보려는 의지였다 한다. 한옥은 못을 하나도 사용하지 않고, 또 나무끼리 이어 붙이는 것도 가능해 그 흔적이 현대 작품처럼 느껴진다. 이곳은 오래된 집을 헐 때 나온 고재를 구입해 이어 붙였다. 어차피 고재를 짜 맞춘 기둥은 불가피한 것이기에 음양으로 생긴 흔적을 즐긴다. 살림채에는 방이 두 개 있다. 각 방은 모두 작다. 그러나 좁아서 몹시 고민해 설계한 흔적이 있는 옷장과 화장실이 딸려 있어서 생활하는 데 불편함은 전혀 없다.

식탁과 부엌 모습. 식탁과 그 위에 나뭇가지로 만든 조명등은 홍동희 작가 작품.
책장은 그 뒤에 있는 가스레인지, 설거지 싱크 볼 등을 가리는 역할을 한다.
연기를 빨아들이는 레인지 후드를 설치하지 않고 연기를 아래로 배출하는 설비를 했는데,
이 작업 때문에 주방 가구 브랜드 보피의 오경호 대표가 고생을 많이 했다. 아일랜드 탁자 아래 보이는
간단한 삼발이 나무 의자는 박종선 작가 작품으로 집주인의 애장품.

전통을 존중하고 생활은 편리하게

휴중당에서 가장 넓은 곳은 식탁과 부엌이 함께 있는 열린 구조의 공간이다. 서쪽의 인왕산과 그 아래 보이는 기와지붕이 조금만 보이도록 가로로 긴 창을 낸 것이 이 집의 가장 비싼 그림이라고 한다. 창을 가리지 않으려고 허리춤보다 조금 높게 찬장을 만들어 수납 공간을 약간 희생했다. 식탁에서 서쪽 창을 바라볼 때 시야를 가리지 않도록 천장에서 내려오는 가스레인지 후드를 설치하지 않고, 고깃집 설비처럼 바닥으로 연기를 빼도록 했다. 또 설거지를 하거나 요리할 때 그 모습이 보이지 않도록 조리대 앞면은 책장을 만들어 가리개처럼 연출했다. 이 높이가 부담스럽지 않도록 여러 번 수정했다고 한다. 열린 공간과 이웃한 다실. 아래채에서 반계단을 올라와 바로 왼쪽 댓돌에 신발을 벗고 올라오면 다실인데, 이곳이 말하자면 이 집의 사랑채 역할을 한다. 부엌과 다실의 목재는 장백산에서 2백 년 넘게 자란 물푸렛과 나무로 들메나무라 부르는 재목을 중국을 통해 사 왔다. 국내에서 구하는 목재 값보다 적은 금액이라 시도해볼 만했는데, 막상 켜서 들여오는 바람에 비용적으로 손실이 컸다. 하지만 이 나무는 배나 악기를 만들 때 쓰는 재목이라 그 색과 결이 곱고, 피부에도 좋다고 하여 마음이 놓였다. 살림채를 구성하는 모든 공간은 저녁때가 되면 한층 그윽해진다. 천장에 조명등을 잘 숨겨서 간접적으로 빛이 나오게 했기 때문이다.

살림채는 작은 마당을 가운데 두고 있다. 서재와 다실의 창문을 들어 올리면 마당과 실내는 한 공간이 된다. 한옥의 가장 큰 매력은 문을 열면 그 뒤가 바라다보이고 공간의 켜가 통하는 것이다. 마당의 바닥은 순전히 흙을 다져서 만들었다. 원래 한옥 마당에는 왕마사토가 어울리는 법이지만, 이 집의 경우 비

위 : 아래채의 대청마루. 열 명쯤 둘러앉을 만한 여름 공간이다.
소반은 봉산재 나성숙 씨, 방석은 소유 성낙윤 씨 작품.
소반 위에 놓은 접시는 이기조 작가 작품, 가운데 백자는 우일요. 식물 장식은 지플레르 이지연
플로리스트 작품. 면으로 만든 발과 전체 스타일링은 스타일리스트 서영희, 김지영 씨가 완성해주었다.
아래 : 아래층에 있는 손님방. 대청마루와 높이가 같은 쪽마루를 두어 좁은 방에서 가구 역할을 하도록 했다.
작은 옷장 겸 이불장, 욕실도 있다. 침상은 전통가구 장인 권우범 씨 작품.

가 오거나 발길이 잦아지면 왕마사토가 동쪽 아래채로 향하는 계단으로 쓸려가는 바람에 이 방법을 택했다. 아래채로 내려가는 작은 돌계단에는 중문이 있다. 커다란 표면 처리를 잘하는 예술가의 의도대로 순전히 우리나라 흙을 써서 색과 패턴을 달리해 멋진 회화 작품이 되었다. 특히 담의 아래쪽은 예전에 낙산사에서 본 둥근 월석담을 언젠가 꼭 써보리라 하는 기억을 되살렸다. 다만 둥근 월석을 패턴으로 만들고 나머지는 현대적 흙의 질감을 살려 지나치게 전통적인 분위기가 되는 것을 자제했다. 그 아래 길고 좁은 연못 또한 현대적이다.

아래채에서는 넓은 대청마루가 인상적이다. 이곳은 여름을 즐기는 명당으로, 지인을 초대해 작은 연회를 하면 좋을 것 같은 공간이다. 여기서 오른쪽으로 들어가면 위채만큼의 공간을 파내 만든 지하 공간이 있다. 입구 공간을 중심으로 손님이라도 오면 머물 수 있는 작은 방 하나, 화장실이 있다. 그리고 안쪽에는 스무 명은 족히 앉을 수 있는 강당이 있다. 위채의 입구가 이 지하의 안쪽 천장이 되는데, 이 부분을 뚫어 공기와 빛이 들어오게끔 해 어둠과 습기를 없앴다. 음악을 크게 틀 수 있을뿐더러 소리가 튀지 않도록 양쪽 벽을 수납장으로 만들고, 그 문을 흡음판으로 처리했다. 처음 이곳에 들어섰을 때 예상치 못한 규모와 용도에 놀랐고, 이 동네 커뮤니티를 만들고 싶다는 집주인의 의지가 이렇게 표현된 것에 감탄했다.

"이 집은 지하를 판 것을 빼고는 온전히 우리나라 전통 방식으로 지었습니다. 한옥은 짓는 사람을 잘 만나야 합니다. 여러 번 수정을 요구했는데도 불평 없이 다 들어준 분들을 만났어요. 실력도 있고 무엇보다 진정성이 있는 분들이죠. 작은 부분을 두고 최소 세 번쯤 다시 만들면서 시간과 비용도 많이 들었지

해가 저물 무렵 사랑채의 모습. 밤이 되면 더 그윽해 지는 조명은 뉴라이트의 윤승현 씨가 담당했다.

만, 스스로가 한 번쯤 이 땅에 살면서 우리 전통적인 집 짓기를 진하게 경험하고 싶었기에 모든 애정을 다해 지켜보았습니다.

못하나 사용하지 않고 음양을 짜 맞추는 우리나라 한옥 짓기는 참으로 미래적인 방식이니까요. 물론 전문가의 도움을 받았지만, 매주 일요일 모눈종이를 꺼내놓고, 그 공간에서 어떤 행동들이 일어날까 상상하면서 수백 장의 스케치를 한 것도 즐거운 경험이었습니다.

이 집은 '지금 이 시대'를 살 수 있는 공간이기를 바랍니다. 그래서 짓는 방식은 전통 그대로지만, 골동품은 한 점도 두지 않기로 했습니다. 의식 있는 젊은 작가들이 한국적 느낌으로 해석한 작품들로 꾸몄습니다. 제 생각에는 전통은 그대로 잇는 것보다 적어도 그 원칙은 살리되 현대화되어야 한다고 믿기 때문입니다.

생활 방식도 한층 진화했습니다. 예전에는 방 안에 삼층장 하나면 족했지요. 겨울 누비옷 한 벌, 여름 모시옷, 춘추복. 또 이 옷들은 평면 재단의 옷 아닙니까? 이들은 그저 얇게 접어 넣어둘 수 있었지요. 신발도 한두 켤레. 그러나 요즘은 상황에 따라 신는 신발의 가짓수가 얼마나 늘어났습니까? 이를 무시하고 예전 방식 그대로 설계하니까 한옥 생활이 불편하다고 할 수밖에요. 또한 이제 냉장고 없는 부엌은 생각할 수조차 없지요. 그래서 큰 원칙은 따르되 생활의 불편은 수정하는 것이 진화하는 가장 정직한 방법이라고 믿습니다."

위 왼쪽 : 부엌에서 방과 서재로 가는 복도 진입부. 수납장은 하지훈 작가 작품.
위 오른쪽 : 빨간 수납장은 부엌 찬장으로, 위쪽에 긴 창문을 만들어 인왕산을 볼 수 있게 하려고 키를 낮췄다. 찬장의 빨간색은 옻칠이다. 전용복 선생이 수납장 문 위에 옻칠 입히는 작업을 했다.
아래 왼쪽 : 강원도 소나무를 통으로 사용한 책상은 두 사람이 사용할 만큼 길다.
아래 오른쪽 : 좁지만 어엿한 거실. 소파는 오세환 작가, 그 앞에 놓은 세 개의 원형 소반은 하지훈 작가, 창문 위의 흰색 집 모양 작품은 종이 작업으로 배삼식 작가 작품.

위 왼쪽 : 수백 년은 족히 되었을 부엌문을 가지고 만든 TV 하부 선반.
위 오른쪽 : 자투리 공간도 수납장으로 만들었다. 이 수납장은 서재에서 정면으로 바라다보이기 때문에 강은영 민화 작가의 작품을 프린트한 그림으로 도배해 일종의 화면을 만든 셈이다.
아래 왼쪽 : 욕실이 좁은 대신 깊이를 10cm 더해 몸을 충분히 담글 수 있게 만든 욕조.
아래 오른쪽 : 방짜는 두들겨 만드는, 품과 공이 많이 드는 전통 기법이라 언제나 마음이 갔다. 이형만 장인에게 물이 빠지는 구멍 있는 유기 대야를 의뢰했다.

좁은 골목에 간판도 없어 밖에서는 눈에 띄지 않지만, 안으로 들어서면 웅장한 한옥이 펼쳐진다.
대문에서 바라보이는 곳이 오른쪽 날개, 누마루를 방으로 개조한 공간이다.

오옥순 씨의 아름다운 집, 오가헌五街軒

다섯 가지 아름다움을 즐기는 그곳

쇠보다 강한 금강송, 오랜 역사를 증명하는 기와, 단단하고도 고요한 빛을 품은 창석…. 1백40년 넘게 쌓아온 시간의 기록은 그 어떤 유산보다 값지다. 화석 같은 한옥을 만나 3년간 정성껏 복원한 오옥순 씨의 아름다운 집 '오가헌'. 집과 나무, 맛, 소리, 놀이의 다섯 가지 아름다움을 즐길 수 있는 그곳을 찾았다.

역사가 1백40여 년 된 한옥을 3년간 복원해 문화 공간으로 탈바꿈시킨 오옥순 오가헌 대표.

자발적 한옥 전도사

우리는 이상적인 집을 이야기할 때 '고래등 같은 기와집'에 비유하곤 한다. 기와집, 즉 한옥은 사람의 손이 많이 가는 집이다. 일단 어느 재료 하나 쉽게 구하거나 가공할 수 있는 것이 없다. 한옥의 목구조는 상당히 정교하고 경험과 직관이 바탕이 되기 때문에 아무 목수나 한옥을 지을 수도 없다. 그만큼 특수한 집이 되어버린 한옥은 짓는 데도 돈이 많이 들어간다. 양옥보다 족히 두 배는 더 든다. 그러니 누가 섣불리 한옥을 지으려 하겠는가.

하지만 오옥순 씨는 달랐다. 그는 어린 시절 한옥에 살았으며, 가장 좋아하던 장소는 불 때는 아궁이 앞이었다. 마른 장작이 타닥타닥 불꽃으로 타오르는 걸 지켜보는 일이 마음 편하고 따뜻했기 때문이다. 창호지를 통해 들어오는 어슴푸레한 햇살, 싸리비로 마당을 쓰는 소리를 들으며 이내 풍기는 밥 짓는 냄새에 침을 꼴깍 넘기던 어린 시절의 기억들. 고향을 떠나 서울의 아파트에서만 생활하던 그가 한옥의 추억을 다시 꺼내 든 건 우연히 발동한 '사명감' 때문이었다.

그의 고향 광주에는 도청 옆에 예쁘다고 소문난 한옥이 한 채 있었다. 일이 있어 가끔 광주에 갈 때면 그 한옥을 보는 순간 마음이 편안해지고, 드디어 고향에 왔다는 실감이 났단다. 그런데 어느 날 한옥 자리에 주차장이 들어섰다. 서울이 가회동, 삼청동을 중심으로 한옥을 되살리려는 노력을 시작한 즈음이었다.

"그 터를 허망하게 바라보다 근처 부동산에 들어갔어요. 광주에 좋은 한옥이 있으면 부수기 전에 사겠다고요. 그때 소개받은 집이 건너편 집이에요. 한옥을 개량한 근대 가옥 옥상에 올라가 주변을 한 바퀴 둘러보는데 이 집 지붕이 보

오옥순 대표는 높이 솟은 태산목과 둥근 처마 라인에 반해 스러져가는 한옥을 구입해
이를 3년간 복원했다. 태산목의 굵은 둥치와 줄기로 이 집의 역사를 짐작할 수 있다.

였어요. 여성의 허리 라인처럼 경사가 완만한 기와지붕을 보는 순간, 문득 저 집에서 좀 쉬어볼까 하는 생각이 들더라고요."

"그 집을 사겠다"고 했을 때 부동산업자의 곤란해하는 표정이란. 지금이야 이렇게 아름다운 모습이지만, 오옥순 씨가 집을 '발견'했을 때는 거의 폐가나 다름없었기 때문이다. 전체적으로 낡은 벽돌로 감싼 건물. 기와지붕만 보고 멋진 한옥이 나올 거라 확신한 그는 우선 외피를 벗겨내는 작업부터 시작했다. 조심스레 벽돌을 걷어내니 마치 화석처럼 한옥의 외벽이 나타났다. 벽돌을 해체하고 천장의 합판을 드러내니 육중한 대들보와 서까래가 등장. 하지만 감동도 잠시, 바닥을 메운 시멘트를 걷어내는 난관이 기다리고 있었다. 기계로 할 수 없어 삽으로 하나하나 걷어내야 하는 이 일을 인부들이 반가워할 리 없다. 서울과 광주를 비행기로 오가며 멀리서 인부들이 일하는 모습을 지켜보기만 하던 '서울 사모님'은 어느새 삽을 든 오 장군이 되었다.

"궂은일은 제가 먼저 시작했죠. 사실 오래된 집을 부수지 않고 되살려서 살겠다고 결정하는 순간, 다 부수고 새로 짓는 것보다 귀찮은 일들이 기다리고 있어요. 차례차례 찾아오면 다행이지만 대부분 다양한 문제가 한꺼번에 몰려들죠. 결국 사람이 하나하나 해결해야 하는 일인데, 내 집 지으려고 고생하는 사람들과 하나씩 천천히, 잘 헤쳐나가야겠다는 생각이 들더라고요."

2009년, 집을 고치기 시작한 지 꼬박 3년이 지나고 드디어 완성한 집, 오가헌. 오가헌五佳軒은 두 가지 뜻이 있다. 하나는 집주인 오옥순 씨의 아름다운 집이라는 뜻이고 또 하나는 집과 나무, 맛, 소리, 놀이의 다섯가지 아름다움을 즐긴다는 의미다.

광주 문화 거리에 자리한 한옥 호텔&문화 공간 오가헌.
전통 혼례와 연회, 식사 모임 등을 예약제로 운영한다.

자연 향기 짙은 한옥

오가헌을 지은 정확한 연도는 1866년이다. 사실 집과 인연을 맺은 사연만큼 집이 품고 있는 세월의 이야기도 흥미롭다. "기나긴 역사만큼 집을 거쳐간 주인들도 세 개 가문의 7대가 넘어요. 이집을 지은 최원택은 어마어마한 부자였다고 해요. 그의 아들 최남주 역시 호남 탄광왕으로 불릴 만큼 넉넉한 부를 이룬 사람으로 영화 제작, 출판 등 문화 사업을 헌신적으로 한 인물이죠. 1930년대에 영화 <무정>을 제작했고, 배우들이 찾아와 이 집에 머물면서 광주의 멋과 맛에 흠뻑 빠졌다고 합니다. 1938년에는 최남주의 초청으로 광주에서 강연회를 연 베를린 올림픽 금메달리스트 故 손기정 선생이 묵기도 했고요."

광주 도심에서 역사가 이 정도 된 한옥이 제 형태를 유지하고 있는 곳은 오가헌이 거의 유일무이하다고 설명하는 오옥순 씨의 목소리에 자부심이 가득했다. 현재 복원한 오가헌은 14~15칸 정도로 최원택 씨가 지은 집의 안채나 별채로 추정한다. 오가헌은 남도 한옥이지만 一자나 ㄱ자가 아닌 날개가 있는 구성이 독특하다. 측벽을 돌아 대청에 오르면 왼쪽과 오른쪽으로 칸칸이 펼쳐지고, 오른쪽 날개 부분에 작은 방과 부엌이 연결되는 구조다. 원래 아궁이에 불을 때는 부엌이었으나 편의상 바닥을 메우고 아일랜드 조리대를 둬 입식 부엌으로 개조했다. 바닥은 모두 황토로 채운 뒤 숯을 갈아 넣었고, 대청은 마루를 새로 깐 뒤 옻칠을 두 번 해 완성했다. 서까래와 대들보는 원래 한옥에 남아 있던 것. 심지에서만 볼 수 있는 고운 결로 추정해볼 때 그 굵기가 상당했을 것으로 짐작한다.

"이 집을 원래 모습으로 복원할 때 돌과 흙, 나무 등 오롯이 자연 재료만 사용했습니다. 비바람과 눈을 맞고 햇빛에 노출되어 있는 서까래, 기둥들은 모두

위 왼쪽 : 창고처럼 쓰던 공간을 편백나무로 마감하고 욕조를 매입해 근사한 오픈형 욕실을 완성했다.
위 오른쪽 : 안채와 별채 사이 자그마한 구옥을 개조해 만든 살림집.
아궁이에 불을 때면 뜨끈한 찜질방이 된다.
아래 왼쪽 : 안채 오른쪽 날개 끝에 있는 방에서 안채 마당을 바라본 모습.
아래 오른쪽 : 일자로 쭉 뻗은 대청. 둥글게 재단한 서까래를 사용한 것이 특징이다.
오가헌의 서까래는 샌딩 작업을 해 모두 고운 빛깔을 드러낸다.

질 좋고 튼튼한 금강송으로 하나하나 얇게 샌딩했어요. 그래서 색이 일정하고 곱죠. 쾌적하고 따뜻한 온돌방을 만들기 위해 팔만대장경 장각판의 건축법을 활용해 바닥 공사를 했고요. 바닥에 소금을 채운 뒤 고운채로 거른 흙을 해초 끓인 물로 이겨 발라 마무리하는데, 이것이 바로 최적의 온도와 습도를 유지해주는 역할을 해요."

기자가 사는 동네는 자그마한 한옥이 많은데, 실제 공사하는 걸 보면 신기할 때가 많다. 가령 마당에 가득 쌓여 있던 흙더미가 모두 지붕 위로 올라가는 것이다. 과연 무게를 지탱할 수 있을까 싶을 정도로 어마어마한 양이다. 오가헌도 지붕에 흙을 채웠다. 한옥은 흙이 있어야 지붕 선이 유지되고 단열도 되며 무게 중심을 잡아줘 건물이 흔들리지 않는단다. 그래서 여름에 시원하고, 겨울에는 생각보다 웃풍이 없이 따뜻하다.

"한옥에 너무 많이 '편리'를 들이면 멋이 사라져요. 어느 정도 불편함을 감수하고 그 자체를 즐길 줄 알아야 하죠. 예를 들면 남향의 대청마루는 꼭 보일러를 깔지 않아도 됩니다. 겨울 한낮의 볕으로 마루가 뜨겁게 달궈져 한겨울에도 아랫목에 앉은 듯 따끈하니까요."

많은 사람을 행복하게 하라

"처음에는 세컨드 하우스로 사용했어요. 딸아이 결혼을 준비하다 문득 하우스 웨딩으로 전통 혼례를 재현하면 좋겠다는 생각이 들더라고요. 소담한 정원에 꽃길을 만들고, 꽃가마가 들어서면 국악이 울려 퍼지는…. 한쪽에선 떡메도 치고 전도 부치고, 그야말로 흥겨운 잔칫집이었죠." 그 후 하우스 웨딩을 전통 혼례로 치르고 싶다는 사람들이 알음알음 연락해 아예 전통 혼례 프로그램을

위 왼쪽 : 이모님에게 물려받은 분청 도자를 비롯해 여행을 하며 각지에서 모은
그릇, 커틀러리, 찻잔 등 귀한 볼거리가 풍성하다.
위 오른쪽 : 한옥의 장점은 유연한 공간 구성에 있다. 문을 모두 닫으면 근사한 호텔로 변신하는데,
오가헌을 제대로 경험하고 싶은 사람들을 위해 한옥 스테이도 진행한다.
아래 왼쪽·오른쪽 : 부엌 한쪽에 쌓여 있는 소반에 각상으로 정갈하게 차려내는 비빔밥.
조미료를 일절 사용하지 않아 재료 하나하나 그 맛이 살아 있고 자극적이지 않다.

만들었다. 한국인 신부와 영국인 신랑의 하우스 웨딩도 진행했다. 평소에는 비빔밥, 팥죽 등 간단한 음식도 판매하는데 서울에서 일주일에 한두 번만 내려가기 때문에 예약제로 운영한다. 한국의 맛을 제대로 알리고픈 마음에 얼마 전에는 싱가포르 미식 투어단의 공식 연회를 치르기도 했다.

이 모든 것이 가능한 비결은 바로 한옥의 유연한 공간 구성 덕분이다. 방과 방 사이사이 분합문(옆으로도 열리고 위로도 열리는 문)을 모두 열면 하나의 공간이 되니 연회장이나 회의장으로 사용할 수 있고, 문을 다 닫으면 프라이빗한 호텔이 되는 것. 실제 오가헌에 들어서면 다실과 마주하는 왼쪽 끝에 근사한 욕조가 있다. 원래 창고처럼 쓰던 공간을 오픈형 욕실로 개조한 것인데, 이 집만의 특별한 인상을 만들어내는 공간이다. "사람들은 공간을 볼 때 예쁜 면을 보잖아요. 저는 어디가 제일 미운가를 봐요. 미운 곳을 예쁘게 만들면 그 집은 예쁜 집이 되니까요."

집 짓는 3년 동안 전통 한옥의 구조를 속속들이 체득했고 그러는 가운데 인생의 많은 부분을 한 수 배웠다는 오옥순 씨. 오가헌을 모태로 자그마한 한옥 마을을 조성하는 것도 바람이다. 조금 엉뚱하지만 가족 합창단도 만들고 싶단다. 아직 연회의 흥이 남아 있는지 이야기를 하면서 가곡 한 소절을 뽑는다. "두둥실 두리둥실 배 떠나간다/ 물 맑은 봄 바다를 배 떠나간다/ 순풍에 돛 달고서 어서 떠나자/ 서산에 해 지며는 달 떠온단다…"

오미자차를 마시며 난데없는 노랫가락을 듣는 이 순간, 인생은 노래하듯 살아야 한다는 그의 말이 무슨 뜻인지 알 것 같다. 기쁨과 슬픔, 인내와 희열, 고난과 희망 모두 인생이라는 악보에서 아름다운 화음이 될 수 있으니. 역시 한옥은 그곳에 머무는 것만으로 생각하게 만드는 힘이 있다.

마당에서 바라본 경근당. 근대 한옥에 비해 기둥과 도리, 들보가 가늘고 장식이 풍부하며, 실용적 가치가 가미되어 벽장, 다락 등 수납공간이 많다.

영원무역 대표 성기학 씨의 창녕 아석고택

꽃은 피었다가 지고
스러졌던 옛집은 다시 피어나네

경상남도 창녕군 대지면 석리, 멀리 화왕산과 우포늪 사이에 자리 잡은 아석고택. 조선시대 말기에 건립하고 6·25전쟁 때 일부 소실되었다가 현재 다시 복원한 한옥. 한국 근·현대사를 통과하며 부침을 겪었던 이 집에 백일홍이 만개했다. 집의 역사가 곧 사람의 역사다.

경상남도 문화재로 지정된 아석헌은 1855년 경에 지은 건물.

연못 주변으로 드리워진 백일홍, 백일 동안 붉다 하는 백일홍이 1백50년을 이어온 아석고택我石故宅에 한창 절경을 그리고 있다. 입술연지 같은 붉은 꽃이 부끄러움도 없이 화려하게 피어나 사방을 장식하고, 가지의 그림자는 초록 연못 수면에 의젓한 선을 그린다. 누마루에 앉아 이를 바라보고 있노라면 무릉도원에라도 와 앉은 기분이다. 이처럼 환상적인 풍경을 보여주는 아석고택이지만 한때 불타고 무너지고 퇴색해 90년대 말까지만 해도 세월과 함께 쇠락해가던 곳이었다. 아웃도어 브랜드 '노스페이스North Face'로 유명한 영원무역의 성기학 회장. 그는 현재 이 고택의 주인이자 낡은 선조의 집을 다시 복원하고 있는 후손이다. 그는 자신의 어릴 적 기억과 조상들의 체취가 밴 채 스러져가던 이 한옥을 되살리기 시작해, 당당한 위세의 2백 여 칸 고택으로 제 모습을 일궈냈다.

시대별 한옥 변천사가 드러나는 집

'아석고택' 또는 '성씨고가'로 불리는 이 한옥은 한국 근·현대 건축사와 함께한 집이다. 원래 1850년대에 본가가 들어섰다가 그 아들, 손자가 성장하여 일가를 이루자 그들을 위해 집을 이어 짓고 또 이어 짓고 한 것이 네 동의 한옥으로 늘어나게 된 것이다. 각 일가별 집은 담으로 구분되는데, 시원한 누마루를 자랑하는 아석헌我石軒이 가장 먼저 들어섰던 본가로 1855년경에 지었으며, 두 번째 집 석운당石雲堂은 1860년대 대원군 시절에, 솟을대문과 안대문을 지나 들어가면 나타나는 연못을 중심으로 한 구연정龜蓮庭은 1890년대에, 그리고 경근당慶勤堂은 1920년대에 지었다. 기와 너머 첩첩이 기와가 이어지는 전체 6천 평 규모의 대갓집 한옥이지만, 필요에 따라 조금씩 규모를 불려간 형국이므로 전통과 격식에 꼭 맞추어 들어선 것이 아니며, 각 한옥채마다 당시의 유행에 따

위 : 기품 있게 휘어진 소나무 너머로 보이는 구연정은 고재를 사용해 재건되었다.
아래 : 정원이 한눈에 보이는 구연정 누마루에서 담소를 나누는 성기학 씨 부부.
부인 이선진 씨는 마당이며 마루에 백일홍 꽃잎이 떨어진 풍경이 너무 아름다워 부러 쓸지 않은 채
손님을 초대하기도 했다. 통상 한옥은 정원을 후원 형태로 집 뒤에 두지만,
구연정의 정원은 일본 등 외국 문물의 영향을 받은듯 건물 앞쪽에 자리 잡고 있다.

라 조금씩 그 모양과 형식이 다르다. 시대별 한옥 변천사를 한집에서 두루 관찰할 수 있는 셈이다.

또한 아석고택은 풍수지리적으로 명당 중의 명당. 강릉 선교장, 구례 운조루와 함께 3대 명택으로 꼽히기도 한다. 풍수 연구가들에게 널리 알려져 있어 주말이면 답사 팀이 수시로 찾을 정도. 이곳은 수백만 평의 '어물리 뜰'을 사이에 두고 화기가 충만한 화왕산火旺山과 마주 보고 있다. 고택 앞으로 펼쳐지는 드넓은 평야는 호방함과 풍요로움을 전하고, 화왕산엔 붓 끝을 닮은 삼각형 봉우리, 즉 문필봉이 뾰족뾰족 솟아 있어 학식 있는 자를 많이 배출한다고 전한다. 그래서일까, 성씨 일가는 위풍당당한 대갓집이기도 했지만 배움과 신문물로써 지역 발전에 보탬이 되기도 했다. 창녕 주민들의 수입원 창출에 일조했던 특산물, 양파 이야기다. 1960년대에 성기학 회장의 부친 우석 성재경 씨가 일본 유학 후 귀국하여 새마을운동보다 더 일찍 경화회耕和會를 조직, 농촌 계몽에 앞장서고 양파 재배에 힘써 창녕 농민들의 살림을 윤택하게 했던 것. 양파를 구입할 때 흔히 볼 수 있는 빨간 양파 망도 그가 고안해낸 것이라고.

수십 년이 지나 드러나는 깊은 나뭇결

성기학 씨 자신은 이 집에서의 기억이 그리 많지 않다. '말은 태어나면 제주도로 보내고 사람은 태어나면 서울로 보내라'는 말처럼 성기학 씨가 태어나던 당시는 그의 아버지가 상경하여 서울에 터전을 잡은 뒤라 출생지는 돈암동이다. 그러다 1950년 6·25전쟁이 일어나 본가가 있는 창녕으로 피난을 오게 되었고, 세 살부터 7년 남짓의 유년 시절이 그가 이 집에 머물렀던 시간의 대부분이다. 전쟁이 끝나자 그는 다시 서울로 돌아갔다. 이촌향도의 바람이 불기 시작하

위 : 성기학 씨가 유년 시절을 보낸 경근당 내부.
1920년대에 지은 한옥으로 유리 창호를 사용, 전형적인 개화기 한옥의 모습을 보여준다.
아래 왼쪽 : 이층장 뒤로 보이는 기암괴석이 멋스럽다.
성기학 씨는 울산장 등 우리 고가구를 컬렉션하고 있다.
아래 오른쪽 : 돌확처럼 보이지만, 이것은 외출하고 집 안으로 들어오기 전 잠기를 씻기 위한 세면대.
남자용은 이처럼 긴 원형으로 사랑채 앞에 놓였고, 여자용은 복숭아형으로 안채 앞에 있다.

던 시절이었다. 농촌 사람들은 하나 둘 눈부신 현대의 신세계를 좇아 시골에서 도시로 떠나갔다. 아석고택은 전쟁통에 집의 상당 부분이 불타 사라진 데다, 점차 사람이 떠나고 돌보는 손길이 사라지면서 이곳저곳 무너져갔다. 이를 그저 두고 볼 수 없었던 성기학 씨는 1998년 무너지는 부분만 보수할 요량으로 처음 공사를 시작했다. 그런데 손을 보다 보니 조금씩 일이 커져서 결국에는 지금과 같이 집 전체를 재정비하기에 이르렀다. 연못이 있는 구연정 일대와 석운당의 사랑채는 고재를 사용하여 완전히 재건했고, 아석헌과 경근당은 보수만 했다. 목재를 잘 살펴보면 어디가 본래의 부분이고 어디가 보수한 부분인지 어렵지 않게 알 수 있다. 새로 보수한 나무는 드러나는 결이 없이 밋밋하지만, 오랜 세월을 지낸 나무는 깊고 또렷한 나뭇결을 보여준다.

이 고택은 한국 한옥 발달사의 후기 양식을 보여준다는 점이 인정되어, 아석헌과 그 주위의 다섯 채 한옥이 경상남도 문화재 제355호로 지정되었다. "많은 분들이 이곳으로 한옥 답사를 오시지만, 사실 저는 전통 유물로서의 한옥을 복원하려는 것이 아닙니다. 조상의 집을 잘 돌보고, 잘 사용하도록 하려는 개인적인 필요에서 벌인 일입니다. 그래서 꼭 과거 그대로 복원하는 것만도 아니고, 현대적인 편의시설을 더해 짓기도 하지요. 그럼에도 한옥을 공부하고 연구하는 많은 분들이 청해서 다녀가십니다. 정통 한옥 양식을 그대로 따르지 않았다고 실망하는 분도 계셨고, 이곳을 너무나 좋아해 홀로 며칠씩 묵고 가는 분도 계셨지요. 우리 문화를 아끼고 사랑하는 이를 위해서라면 아석고택의 대문을 열어두려 합니다. 한학 등 인문학이나 한옥을 공부하는 분들을 위한 세미나 장소로, 외국 손님들에게 한국 문화를 알리는 공간으로 지금 시대에 맞게 이 집의 가치를 이어가고 싶습니다."

이곳에서 조용히 책을 읽거나 기와지붕 너머 화왕산 능선을 감상하는 것도 성기학 씨의 큰 즐거움이다.

손님 있는 풍경이 일상이 된 한옥

그의 작은 사명감 덕분에 아석고택에는 늘 많은 손님이 들고 난다. 이번 촬영을 진행한 날에도, 그의 지인인 방글라데시 화가, 퇴계사상 연구원 등 각 채마다 손님들이 들었다. 그의 부인 이선진 씨의 말에 따르면, 서울에서 잘 만나지 못하던 지인을 오히려 이곳 아식고택에서 마주치기도 한다고. 성기학 씨 내외와 비슷한 연배인 지인들은 이곳에서 각자 어렸을 때 자신들이 살던 한옥을 추억한다. 당시의 형편에 따라, 어떤 이는 큰 규모의 사랑채에서 향수를 느끼기도 하고, 어떤 이는 세 칸짜리 단출한 한옥에서 궁핍한 시절 어머니의 고생을 떠올리기도 한다. 이 집은 또 모임이나 단체의 세미나 공간으로도 내주고, 명성을 전해 듣고 온 관람객도 박대하지 않는다. 외국에서 온 손님들은 호텔과는 비교할 수 없는 운치를 느낄 수 있는 이 한옥에 반한다. 적지 않은 손님 치르기가 번거로울 법도 하건만 이 부부는 느긋한 표정. 오히려 식사며 화장실이며 부족한 점이 많은데도 다들 너무 좋아하고 아껴주신다며 외려 겸손하다. 손님이 오면 연못이 바라다보이는 누마루에서 다과를 나누면서 고택 이야기를 들려주는 것이 성기학 씨에게는 큰 즐거움. 그 자신이 혼자 머물 때는 조용히 독서할 때가 많다. 책을 읽다 눈을 들면 멀리 보이는 화왕산의 능선도 둘째가라면 서러울 낙이다. 신기하게도 어느 한옥채에서 바라보는가에 따라 화왕산은 조금씩 다른 능선을 보여준다. 구연정 누마루는 연못과 휘어진 소나무 등 풍경을 감상하는 맛이 있고, 아석헌 누마루는 차분하고 단정한 맛이 있다. 수십 채로 구성된 이 한옥은 어느 곳 하나 더하고 덜한 곳이 없을 만큼 흡족하다.

전쟁의 포화에 상처받고, 현대의 신문물에 밀려 뒤편에서 처져 낡아가던 고택. 이제 제 모습을 갖추어 다시 찾은 이 아름다운 풍경들이 해마다 피어나는 백일홍과 함께 찬란한 여름을 보내고 있다.

하회마을 북쪽의 부용대芙蓉臺에서 바라보자면 낙동강이 'S'자 모양으로 마을을 휘감아 돌면서 흐르고 있다.
북촌댁 큰사랑 뒤편의 3백여 년 된 소나무도 강줄기의 흐름과 같은 형상으로 성장했다. 절묘한 인연이다.

하회마을 명문 고택 북촌댁

선대가 쌓은 덕을
후대가 공들여 잇는다

1박2일 동안 2백여 년 세월을 지닌 고택이 지닌 진가를 소상히 알기란 터무니없이 짧다. 학서 류이좌 선생의 7대손으로 이곳 하회마을 북촌댁을 지키고 있는 류세호 씨가 꼽는 '한옥에서 꼭 놓치지 말아야 할 순간'은 솟을대문 안 세상을 더욱 신비롭게 만든다. 안동 하회마을의 명문 고택 북촌댁에서 보낸 귀하고 평온했던 하루 풍경.

북촌댁의 안채는 하회마을 사가私家 중 단일 건물로는 가장 큰 규모로 대갓집의 위엄이 명백히 감지된다. 중앙에 마당을 두고 전체 평면이 'ㅁ'자형으로 부엌, 안방, 대청, 고방, 윗상방, 툇마루, 아랫상방 등이 갖춰져 있다. 주인 류세호 씨는 이곳에서 기거한다.

당호가 화경당和敬堂인 하회마을의 명문가 류씨 집안 고택은 이 마을 북촌을 대표하는 큰 집이라 해서 '북촌댁'이라 이름 지어졌다. 더불어 '적선지가積善之家' (착한 일을 많이 한 집)로 잘 알려져 있다. 착한 일을 한 집이라….

북촌댁 솟을대문 바깥에 인접한 아홉 채의 초가가 이를 증명하는 첫 번째 단초다. 보통 양반가에서는 대문가에 행랑채를 두어 집안에서 부리고 있는 노비를 기거하게 하는데, 북촌댁의 노비들은 모두 대문 밖에서 살림을 사는 외거外擧 노비였다. 비록 노비였지만 이들 역시도 일가를 이루고 하루 일과를 마치면 주인집과는 별도로 자신만의 일상을 꾸리도록 한 상전의 아량은 북촌댁을 처음 일군 류사춘 공과 그의 아들 학서 류이좌 선생부터 이어져 내려왔다. 비단 거느리고 있는 몸종에게만 '베풂'이 있었던 것이 아니다. 북촌댁 뒷간은 흥미롭게도 담장 안과 밖 사이에 걸쳐져 있다. 뒷간의 문이 담장 안에도 밖에도 있는 기이한 모습. 이는 북촌댁 사람들은 물론 길가는 이들도 급할 때 누구나 뒷간 사용을 사용할 수 있도록 한 것으로 그 발상이 유머러스하면서도 훈훈하다. 정조대왕 당시 예조·호조 참판을 지낸 고관대작 류이좌 선생이 이처럼 지나는 행인의 말 못할 사정에도 마음을 썼으니 이 댁을 가히 적선지가라 불러도 모자람이 없겠다.

이 댁 류씨 집안의 자손들에게 대물림되었던 것은 비단 유전자뿐만은 아니었다. 정조 21년에 시작 철종 13년 완공까지, 류사춘 공이 시작해서 아들 류이좌 선생과 증손 류도성 선생까지 3대에 걸쳐 65년 동안 이 집을 짓는 데 공을 들였던 것. 을해년 류도성 선생의 일화는 선대의 마음 씀씀이 역시 고스란히 물려받았음을 알려준다. 당시 엄청난 홍수로 하회마을을 돌아 흐르는 강물이 넘쳐 흘러 마을 사람들이 강물에 떠내려간다는 소식이 들리자 류도성 선생은

북촌댁은 정조 시대 예조·호조 참판을 지낸 류이좌 선생의 7대손 류세호 씨와
그의 아내 김일주 씨가 지키고, 가꾸고 있다. 이들이 앉아 있는 곳은 북촌댁의 안채 툇마루다.

주저 없이 집 안에 쌓여 있던 춘양목 일체를 강물에 띄워 일부는 뗏목으로 사람을 구하게 하고 일부는 불을 질러 한밤중 구조 작업을 대낮처럼 환하게 했다. 이때 강물에 던져졌던, 수많은 마을 사람들의 목숨을 구했던 춘양목은 선대로부터 이어서 짓고 있는 집을 완공하기 위해 정성을 다해 마련해놓았던 귀한 건축자재. 지금처럼 길 잘 뚫린 도로로 운전을 해도 무려 왕복 두 시간이나 넘게 걸리는 봉화에서 공수, 하나하나 돌판 위에 찌고 말리고 다시 마당에 널고 말리며 수고스럽고 정성스럽게 만들어놓은 나무들을 마을 사람을 위해 단숨에 던진 류도성 씨의 도량과 배포는 수백 년이 지난 지금도 하회마을의 위대한 전설로 남아 있다.

류씨 집안에서 만들어낸 전설 또 하나. 다름 아닌 '쌍벽雙璧'이라는 말이다. 류이좌 선생과 그의 종형 류상조 선생이 나란히 과거 급제하자 류이좌 선생의 모친이 이를 기뻐하며 지은 시가 바로 쌍벽가다. 선을 베푸는 마음 씀씀이와 학식을 두루 갖춘 선대의 기품과 지조가 이곳 북촌댁의 온전한 뿌리로 내려져 지금껏 하회마을의 명문 고택이라는 명망의 줄기를 뻗어나가고 있다.

북촌댁이 명문가가 되었던 것이 조상님의 은공 덕분이라면, 북촌댁이 2백여 년의 세월 후에도 여전히 명문 고택이 될 수 있었던 것은 후손의 노고 덕분이다. 지금 북촌댁을 지키며 선대 명맥을 고스란히 유지하고 있는 이는 류이좌 선생의 7대손 류세호 씨와 그의 아내 김일주 씨. 요즘 살기 편하게 창문이라도 유리 창호를 달아보고 부엌도 신식으로 개조해볼 법도 한데, 류세호 씨에게는 어림도 없는, 지금껏 단 한 번도 엄두도 낸 적 없는 일이다. 한옥의 가치를 따질 때 무엇보다도 '역사성을 얼마나 잘 보존하고 있는가'를 으뜸으로 치고 있는 그이기에 1년 열두 달 행여 북촌댁이 상할세라 낡은 고택을 보수하는 와중에 행

위 : 중간사랑 화경당에서 바라본 북촌유거 전경. 큰사랑인 이곳은 두리기둥에 팔작지붕, 조선 철종 당시 명필인 해사 김성근 선생의 글씨가 새겨진 현판 등으로 풍모를 갖추고 있다.
아래 : 북촌댁의 사랑채에는 큰사랑 북촌유거, 중간사랑 화경당, 작은사랑 수신와가 있다. 하회마을을 찾는 이들에게는 사랑채 마당을 공개하고 예약을 한 이들은 이곳에서 숙박도 할 수 있다.

여 본모습이 다칠세라 몸 쉴틈 없이 집을 살피며 노심초사한다. 혹시 지식 짧은 후손 탓에 선대가 물려준 귀한 유산에 누가 될까, 전국의 대목, 와공, 미장공, 구들공, 석공 등 한옥 장인들을 스승으로 삼고 한옥에 대한 옛 문헌들을 공부하고 또 공부했다.

류세호 씨는 예약을 통해 일반인들도 이곳에 들러 묵을 수 있도록 한옥 체험 프로그램을 시작했다. 하회마을을 방문하는 사람들이라면 누구나 북촌댁의 사랑채 마당을 둘러볼 수 있는 것은 예나 지금이나 마찬가지지만, 불면 날아갈세라 쥐면 터질세라 금지옥엽처럼 여기는 집의 안채에까지 외부 사람을 들이고 72칸 한옥을 속속들이 공개한 것은 의외. 물론 많은 이들에게 한옥의 아름다움을 몸소 경험하게 해주고 싶은, '적선지가'로서의 역할을 해야겠다는 책임감도 큰 몫을 했다. 이에 보태어 바로 류세호 씨가 북촌댁을 끔찍이 여기는 마음이 결정적인 이유가 되었다. 아무리 좋은 기계도 사용하지 않으면 고장 나기 마련이고 특히 한옥은 꾸준히 사용해야 오히려 빛이 나는 유기체. 매달 초하루에 군불을 때어 열을 뿜고 마룻바닥, 주춧돌, 기단의 돌에 적당한 그을음이 생겨야 온 집 안이 숨도 쉬고 튼튼해진다고. 사람의 손길과 호흡만큼 집을 집답게 해주는 에너지가 없기에, 북촌댁을 상속받은 재산이 아니라 조상에게 물려받은 문화유산이라 여기기에, 북촌댁을 고운 약골이 아닌 호방한 건강체로 가꾸고 싶은 마음에 하회마을 명문가의 솟을대문을 조심스럽게 열기로 한 것이다.

아내 김일주 씨는 담장 밖 행랑채에서 한옥 체험을 하는 손님들에게 음식도 대접할까 하는 계획을 세우고 있다. 이들 부부에게 아직은 누군가를 집으로 들이는 것이 조심스럽기에 지금은 숙박만 제공하고 있다. 한옥 구들장에서 자고

위 왼쪽·오른쪽 : 큰사랑 북촌유거의 방과 대청 사이에는 들어열개문을 달았다.
액자 속 붉은 홍패는 이 집의 근간을 세운 류이좌 선생이 정조대왕으로부터 하사받은 과거급제 합격증.
아래 왼쪽 : 북촌유거의 방은 '田'자형으로 되어 있다.
안채 역시도 이와 같은 구조로 방 하나를 4개로 나누어 자는 곳, 책 읽는 곳 등으로 구분하여 쓰도록 했다.
아래 오른쪽 : 2백여 년 전 모습 그대로 보존되어 있는 이 집에는 곳곳에 쓰임새 있는
살림공간들이 알뜰히 마련되어 있다. 큰사랑에는 방만큼이나 너른 다락이 있다.

난 개운한 아침, 끼니를 거르는 한이 있더라도 '한옥 박사' 류세호 씨와 함께하는 72칸 북촌댁 한옥 투어는 절대 놓치지 말아야 한다. 문외한의 눈으로 보아도 '참 좋다…'는 감탄사를 감출 길 없는 이 댁의 반듯하고 평온한 풍경에 류이좌 선생의 7대손 류세호 씨의 해박하고 소상한 설명이 보태지면 북촌댁 솟을대문이 더욱 높고 단단해 보일 게다. 류세호 씨가 꼽는 '한옥에서 꼭 놓치지 말아야 할 순간'은 솟을대문 뒤로하는 발걸음을 더욱 아쉽게 한다. 'ㅁ'자 지붕틀 안에 들어온 보름달, 그 하늘에서 쏟아지는 별들, 우중 처마 끝 낙수 소리, 초저녁 툇마루에서 끌어안는 바람…. 못다 본 명장면에 마음 더욱 부풀어지는 까닭은 북촌댁 그곳에서 하룻밤 지내고난 감상 덕분일 게다.

가회동 31번지 언덕 위에 자리한 미음 갤러리.
감나무 그늘 아래 이웃집 담장과 지붕을 이웃하는 자리가 멋스럽다.

가회동 31번지 미음 갤러리

대청마루에 앉아
북촌의 정취를 만끽하세요

디자이너 김경수 씨가 가회동 31번지 언덕 위에 한옥을 한 채 마련했다. 젊은 디자이너 후배들을 후원하는 갤러리로, 북촌 한옥마을의 정취를 몸과 마음으로 느낄 수 있는 도심의 쉼터로 대문을 활짝 열어젖힌 한옥 문화 공간 '미음 갤러리'를 찾았다.

미음 갤러리는 조금씩 다른 분위기의 좌식 방으로 꾸며져 있다.

북촌 한옥마을의 정취를 가장 잘 느낄 수 있다는 북촌8경. 그 여덟 경치 중에서도 손에 꼽는 북촌6경과 어깨동무하는 자리에 쉼터를 겸하는 갤러리 하나가 문을 열었다. 가회동 31번지 언덕 위에 자리한 미음 갤러리. 하루가 다르게 옷을 갈아입는 삼청동 일대의 갤러리나 카페에서는 만날 수 없는 '진짜' 한옥을 경험할 수 있는 곳이다. 미음 갤러리가 품고 있는 정취를 이해하기 위해 먼저 북촌6경으로 눈을 돌려보자. 북촌6경은 북촌 한옥마을 일대에서도 '유일하게' 온전한 한옥 골목이 남아 있는 곳이다. 서울에서 한옥이 가장 많이 남아 있는 곳이라지만, 이 일대를 형성하는 1천8백 가옥 중 한옥 양식을 유지하고 있는 집은 불과 8백여 채. 한두 집 건너 양옥이 자리한 경우가 다반사니 골목길 하나가 온전히 한옥으로만 채워진 곳을 만나기란 쉽지 않다. 이 귀하디귀한 풍경을 내려다보며 6백 년 고도의 정취를 만끽할 수 있는 자리에 미음 갤러리가 자리 잡았다.

기와지붕이 펼쳐 보이는 점묘화 같은 풍경

축대 위로 난 계단을 올라 대문 안으로 들어서니 예상대로 펼쳐지는 드라마틱한 풍경. 유리 담장 너머로 중첩되는 기와지붕은 막 물들어가는 가을 단풍처럼 오묘한 빛을 발한다. 이제는 구하기도 쉽지 않다는 장작 가마 기와지붕이다. 지붕이 펼쳐 보이는 점묘화 같은 풍경 너머로 서울 시내가 한눈에 들어온다. 미음 갤러리 주인장인 디자이너 김경수 씨. 그는 이 터가 지닌 절경을 집 안으로 끌어들이기 위해 과감하게 돌담을 내리고 유리 담장을 세웠다. 가회동 언덕 위에, 그것도 축대 위에 지은 집임에도 불구하고 기존의 담장이 너무 높아 대청마루에서조차 그 절경을 제대로 볼 수 없었기 때문이다. 원래 ㄱ자 집에

부엌과 접한 응접 공간은 빈티지 의자들로 꾸몄다. 지난 세월의 흔적을 품고 있는 한옥과
빈티지 가구가 조화롭다. 이 공간은 한지 도배 장인을 모셔다 한지로 7겹 도배를 했다.
도배를 한 겹씩 더할 때마다 분위기는 물론 방음 효과도 높아졌다.

별채가 더해져 ㄷ자 구조가 된 이 집에는 지난 세월, 시대의 변천에 따라 변화해온 한옥의 모습이 그대로 담겨 있다. 전통 창호 문살부터 20여 년 전까지만 해도 어느 집에서나 볼 수 있었던 나무틀 유리창, 바둑판처럼 깔려 있는 1960년대 타일, 소나무로 된 대청마루, 안방의 콩댐 장판, 온돌 마루. 거기에 유리 담장처럼 김경수 씨가 실험적으로 시도한 변화들이 더해져 있다.

그에게 이곳은 일종의 '개방형 실험실'이다. 건축으로 한옥을 실험하고 젊은 작가들의 디자인을 실험하고 공간의 성격을 실험한다. 그가 이 한옥을 얻은 것은 2008년, 그동안 느릿느릿 이 공간에 대해 고민해왔다. 그리고 내린 결론이 그 이름에 고스란히 담겨 있다. '미음 갤러리: 서른한 번째 쉼터'. 이곳은 활동 무대가 부족한 젊은 디자이너를 돕는 갤러리로, 북촌 한옥마을을 찾아오는 이들에게 단지 눈이 아닌 몸과 마음으로 한옥을 경험할 수 있는 쉼터가 된다. "바로 대문 앞이 북촌6경이에요. 하루 종일 대청마루에 앉아 있다 보면 꽤 많은 사람이 한옥마을을 보기위해 북촌을 찾는다는 것을 알 수 있어요. 그런데 그들을 보면서 안타까운 것이 이 언덕까지 올라와서 그들이 할 수 있는 것은 고작해야 남의 집 대문과 담장 한 번 바라보고 사진 한 장 찍는 거예요." 자신이 한옥을 경험해보니 그들의 모습이 더 안타깝게 느껴지더란다. "대청마루에 올라 해바라기하며 바람도 쐬어보고 빗소리도 들어보고, 온돌방에 앉아 차도 한 잔 마셔봐야죠."

몸과 마음으로 한옥을 경험할 수 있는 쉼터

좌식을 기본으로 한옥은 방방이 조금씩 다른 분위기로 꾸몄다. 각양각색의 해주 소반을 한데 모아 커다란 좌식 테이블을 만들고 방석을 놓은 대청마루,

마당에서 부엌을 들여다본 풍경.

전망이 가장 좋지만 창이 높아 입식으로 꾸민 응접실, 살구나무가 있는 마당 풍경이 그림 액자처럼 눈에 들어오는 창가에 자리를 마련한 건넌방, 커다란 등받이 쿠션을 함께 두어 좀 더 편안한 자세로 쉴 수 있는 작은방. 쉼터라는 이름이 더할 나위 없이 잘 어울리는 이 공간은 동시에 전시장이기도 하다. 김경수 씨는 이곳이 재능 있는 젊은 디자이너들이 날개를 펼치는 데 작게나마 도움이 되었으면 한다. 그는 패브릭과 가구 디자인을 하는 스물다섯 살 신참내기 작가 엄준정 씨의 스툴과 조각보 방석을 전시하기도 했고, 고암 정병례 선생의 전각 작품을 전시할 요량으로 선생에게 해주 소반 30개를 보내기도 했다. 그 결과, 해주 소반에 선생의 전각 작업이 더해져, 전혀 새로운 차원의 작품이 탄생했다.

"한옥에서 배운 것이 정말 많아요. 머리가 아닌 몸으로 배운 것들이오. 이곳에 있다 보면 땅의 기운을 느껴요. 내가 지금 따뜻한 자연의 품에 앉아 있구나 하는 기운이오." 한옥은 계절의 변화를 그대로 느낄 수 있는 집이라 한다. "계절이 바뀔 때마다 바쁘게 움직이고 그에 대처해야 한옥에서 살 수 있어요." 때로는 이런 것들이 귀찮기도 하지만, 그 귀찮음이 사람으로 하여금 생각하게 만드는 힘이 있다며, 이곳으로 오지 않았다면 영원히 알지 못했을 것이라고 그가 이야기한다.

마당 한가운데 있는 살구나무는 지난여름 많은 열매를 맺었다. 수확한 살구는 매실처럼 액을 내어 차로 마실 수 있게 했다. 감나무에서 수확한 홍시로는 감식초를 만들어 여름에 음료로 선보일 예정이다. 미음 갤러리는 쉬어 가는 객을 위해 음료와 디저트 몇 가지를 마련해놓고 있다. 즉석에서 핸드밀로 콩을 갈아 준비하는 핸드 드립 커피, 레모네이드 등 각종 홈메이드 과실 차 등이

위 : 대청마루는 한옥의 정취를 경험하기에 더없이 좋은 공간이다.
아래 : 돌담을 거두고 유리 담장을 세워 전망이 좋아졌다.
유리 담장 바로 앞으로 바 형태의 테이블과 의자를 두었다.

다. "갤러리에서 차와 음료를 파는 것이 상업적이라면 상업적이지요. 그렇지만 저는 그렇게 해서라도 이 갤러리를 유지하고 싶어요. 젊은 작가들을 후원하는 갤러리가 되기 위해 선택한 방법이지요." 미음 갤러리는 입장료 2천 원을 받아 젊은 작가들의 활동을 후원하는 기금을 마련하고 있다.

갤러리 류가헌의 외관. 대문은 좁은 골목 안으로 자리한다.

통의동 사진 전문 갤러리 류가헌

한옥에서 배운
더불어 사는 삶

사진가 이한구 씨 가족과 〈행복〉 미술팀에서 8년간 동고동락한 그래픽 디자이너 박광자 씨가 통의동 한옥에서 한집살이를 시작했다. '더불어 사는 맛'에 푹 빠져 있는 사진 전문 갤러리 류가헌과 그래픽 아트 스튜디오 여름의 식구들을 만났다.

갤러리 사무실 풍경. 벽에 걸린 작품은 이한구 씨의 사진이다.

아직 북촌과 한옥이 세간의 관심을 끌지 못하던 시절, 삼청동 거리와 가회동 골목길은 지금과 사뭇 다른 낭만과 정취가 있었다. 오랜 세월 개발의 혜택에서 소외된 탓에 6백 년 고도가 근현대화를 거치면서 남긴 흔적을 지표 아래 퇴적층처럼 고이 간직할 수밖에 없었던 시절의 이야기다. 세상의 모든 일에는 반대급부가 따르게 마련으로, 어느덧 한옥이 강남 아파트 못지않은 대중적인 관심의 대상이 된 오늘, 전통의 보존과 개발이라는 쌍두마차의 논리 아래 날로 화려해져만 가는 북촌이 몸살을 앓고 있는 것은 아닐까 하는 생각이 든다. 하루가 다르게 옷을 갈아입는 카페와 각종 숍이 즐비한 삼청동, 매끈하고 세련된 현대 건축물과 고급스러운 신축 한옥으로 위엄을 더해가는 가회동…. 날로 위풍당당해지는 북촌에서 그 옛날의 낭만이 사라져가는 것이 못내 아쉽기만 하다. 이에 비해 오래된 동네의 그 느릿한 정서를 여전히 간직하고 있는 경복궁 서촌 일대. 가회동의 고급 신축 한옥처럼 한 번에 세월의 때를 벗겨내려 하지도, 삼청동 거리처럼 상업적으로 물들지도 않으며 '조심스럽게' 새로운 문화 지대로 거듭나는 모양새가 참으로 다행스럽게 여겨진다.

서촌의 매력을 고스란히 간직한 곳

통의동 좁다란 골목길에 새롭게 문을 연 사진 전문 갤러리 류가헌. 모든 것이 더디게 움직이는 옛 고을 서촌의 매력을 고스란히 간직한 곳이다. 두 사람이 함께 걸어가기도 힘겨워 보이는 좁디좁은 골목을 지나 대문 안으로 들어서면 햇살 좋은 중정이 손님을 반긴다. 중정을 사이에 두고 갤러리와 카페 공간이 마주하는데, 양쪽 벽면을 모두 통유리로 마감한 카페 너머로 또 한 채의 ㄷ자 한옥이 어깨를 나란히 하고 있다. 또 하나의 한옥도 카페 공간과 접한 대청마

위 : 담벼락에 전시한 작품은 사진가 한금선 씨 작품.
뒷마루에 앉아 햇살과 바람을 즐기며 작품을 감상할 수 있도록 했다.
아래 : ㄷ자 한옥 두 채가 어깨를 나란히 하고 있는 류가헌은 갤러리와 카페, 사진 작업실과 디자인 사무실 등으로 이루어져 있다. 한옥 두 채가 맞닿는 쪽 벽을 모두 통유리창으로 마감해 공간에 재미를 더했다.

루의 양쪽 벽면을 통유리로 마감해 한옥 두 채가 서로를 꿰뚫어보고 있는 형상이다. 잔디 정원을 품은 오른쪽 한옥이 갤러리와 카페로 열린 공간이라면, 중정에 빨간색 벽돌을 깔아 마당을 꾸민 왼쪽 한옥은 디자인 사무실과 사진 작업실로 이루어진 공간. 이 매력적인 이란성 쌍둥이 한옥의 주인장은 <행복>의 오랜 친구들이다. 8년 동안 <행복> 미술부에서 디자이너로 일한 그래픽 디자이너 박광자 씨, <행복> 지면을 통해 꾸준히 서정적인 사진을 선보여온 사진가 이한구 씨가 바로 그들이다.

오랜만에 만난 선배의 안내를 받아 1930년대에 지었다는 한옥을 둘러본다. 사진가와 디자이너. 안목과 감각에서 누구에게도 뒤지지 않을 이들이라지만 공간 디자인뿐 아니라 공사의 대부분을 직접 감행했다 하니 그 또한 <행복>의 친구들답다. 1950~60년대에 덧단 것이 아닐까 싶은 밋밋하기 그지없는 합판 소재 미닫이문, 1980년대에 지은 아파트에만 해도 흔하디흔했던 목창, 1990년대 이후 대중화되기 시작한 온돌 마루, 최근 공사를 통해 더해진 통유리창과 아코디언식 슬라이딩 도어에 이르기까지, 집 안 곳곳에서 70여 년의 세월을 지나오며 때로는 덜어내고 때로는 더해진 크고 작은 개조의 흔적들이 눈에 들어온다.

"공사를 계획하면서 처음에 고민을 많이 했어요. 지원금을 받아 엄격한 기준에 맞춘 전통 한옥으로 복원할 것이냐, 지원금을 포기하고 필요에 맞는 공간으로 개조할 것이냐를 두고요. 전통 한옥으로 복원하면 서울시에서 꽤 많은 지원금을 받을 수 있거든요. 지원금을 포기한 결정적인 이유는 제아무리 큰돈을 들여 번듯한 한옥을 마련한들, 허점투성이일지라도 오랜 세월을 살아낸 한옥이 지닌 정서를 대신할 수는 없다는 것이었지요."

지원금을 포기하고 알뜰살뜰하게 마련한 공간을 바라보면 참 잘한 선택이었

갤러리에 마련한 카페 공간에는 국내외 사진가들의 작품집이 다양하게 구비되어 있다.

다는 생각이 든다며 류가헌 대표 박미경 씨가 말한다. 사진가 이한구 씨의 갤러리로 알고 찾아왔건만 낯선 이가 대표라며 인사를 건네 의아한 표정을 짓자니, 그는 이한구 씨의 아내란다. 사진가는 응당 사진을 찍어야 하니 박미경 씨가 갤러리 살림을 맡아 운영하는 것이라고.

전시공간으로 거듭난 대청마루와 안방
사실 류가헌이 처음 문을 연 것은 2009년. 지금 자리의 맞은편 골목에 자리하고 있었다. 이한구 씨가 작업실로 쓸 요량으로 한옥을 마련했는데 30여 평 공간이 너무 넓게 느껴지더란다. 현대 건축물 30평에서는 경험해보지 못한 공간감이었다. "이 넓은 공간을 혼자 사용하는 것이 사치이자 낭비다 싶어 작업실을 문간방으로 옮기고 대청마루와 안방 등을 전시 공간으로 꾸몄어요. 정식으로 허가받은 것도 아니고 상업적인 목적을 둔 것도 아닌, 그저 주변의 실력 있는 사진작가들이 작품을 선보일 수 있는 멍석을 깔아주고 싶었던 것이지요." 그러던 중 아직 세상에 이름을 알리지 못한 젊은 작가들을 위해 본격적으로 일을 벌여보는 것도 의미 있겠다 싶어, 평소 가족처럼 지내는 이한구 씨 부부와 박광자 씨가 의기투합해 일을 벌인 것이 지금의 류가헌이다. 모두 각자의 생업이 있는지라 십시일반 시간과 노력을 할애해 효율적으로 갤러리를 운영하기 위해 갤러리, 사진 작업실, 디자인 사무실을 한곳에 모았다. 그러고 보면 갤러리 류가헌을 운영하는 방식은 일종의 재능 도네이션으로 보인다. 물론 전시를 여는 경우 최소 운영 비용으로 대관료 50만 원을 책정해놓기는 했으나, 리플릿이나 포스터 제작 등 전시 홍보와 운영에 필요한 모든 것이 일체의 비용 없이 이루어진다. 베테랑 편집 기자(류가헌 대표 박미경 씨는 각종 매체에서 프리랜서로 활동하

위 : ㄱ자 모양의 한옥에 마련한 갤러리 전경. 한옥 고유의 깊은 공간감이 멋스럽다.
아래 왼쪽 : 카페 한 코너를 장식하는 빈티지 릴 플레이어가 멋스럽다.
아래 오른쪽 : 갤러리 사무실 풍경. 책상 맞은편으로 차경을 둔 찻자리를 마련해 놓았다.

고 있다)와 베테랑 디자이너 그리고 사진가의 아이디어와 시간, 땀방울을 무료로 지원하는 셈이니, 이것이 재능 도네이션 아니고 무엇이겠는가.

작품을 만나기 위해 류가헌을 찾는 이들이 한옥의 정취를 느끼며 쉬어 갈 수 있도록 마련한 카페는 또 다른 전시장이다. 카페 책장을 빼곡히 채운 책은 다름 아닌 사진집들이다. 지금 전시 중인 작가의 사진집, 전시 예정인 작가가 이전 전시에서 선보인 작품집과 리플릿 등을 준비해놓아 전시장에다 못다 본 다른 작품들을 볼 수 있도록 했다. 카페 한구석 메뉴판의 '모든 음료 3천원'이라는 문구를 보고 구색만 갖춘 그렇고 그런 음료가 나올 것이라 생각하면 오산이다. 갤러리 대표가 직접 내려주는 신선한 핸드드립 커피, 지리산 자락에서 재배한 오미자로 담근 오미자 차, 박광자 씨가 부암동 빌라 마당에서 수확한 매실로 직접 담갔다는 매실차 등의 맛이 가히 일품이다. 이한구 씨가 전국 팔도로 사진을 찍으러 다니며 인연을 맺은 이들이 청정 지역에서 농사지어 손수 만든 유기농 음료를 제공하는데, 일종의 생활협동조합처럼 정직하게 농사지은 먹을거리를 갤러리를 찾는 손님들과 직거래할 수 있도록 연계하는 역할도 하고 싶다고.

1년 전 이한구 씨가 마련한 작업실이 한옥이 아니었다면 아마도 지금의 류가헌은 없었을 것이라 한다. 환경이 사람을 변화시킨다고, 이들의 마음을 움직이게 한 것이 바로 낡고 오래된 한옥이었다. 안과 밖이 유기적으로 소통하고 독립된 공간에서 열린 공간으로, 열린 공간에서 독립된 공간으로 변모하는 한옥에서 더불어 살며 나누는 삶의 행복을 배웠다고. 살림집도 같은 빌라 앞뒤 동일 정도로 한가족이나 다름없다는 이한구 씨 부부와 박광자 씨의 오래 묵은 장맛 같은 우정과, 아직은 가난하지만 재능과 열정으로 똘똘 뭉친 작가들을 위해 대문을 활짝 열어놓은 류가헌의 마음이 오래된 한옥의 깊은 맛과 여유를 닮았다.

둥근 달을 닮은 '달아자살문'을 열면 나타나는 주방의 창은 '용用' 자를 바탕으로 짠 '용자살문'이다.

소목장 심용식 씨의 청원산방

그 누가 창호를 빼고
한옥의 아름다움을 논할 수 있으랴!

한옥을 보면서 이토록 문을 뚫어져라 바라본 적은 없었다. 서울시 무형문화재 26호 소목장 심용식 씨의 공방이자 삶터인 '청원산방'. 전통 창호 장인인 그의 집은 문에서 시작해 문으로 끝난다 해도 과언이 아니다.

서예가 초정 권창윤 선생이 쓴 '계수헌'이라는 현판 아래의 대청마루 문은 '숫대살만살문'이다.
옛날에 셈을 할 때 쓰던 막대기를 늘어놓은 모양으로 짠 문살은 간격이 촘촘해 아주 견고하며
반복되는 마름모무늬가 현대적 감각을 선사한다.

"사실 우리 집이 아주 화려하긴 해요. 어떤 때는 너무 욕심을 부렸나 싶기도 하고…" 종로구 계동 좁은 골목길에 숨어 있는 소목장 심용식 씨의 집. 아늑한 ㄷ자 한옥을 바라보는 그의 눈빛은 화가가 캔버스에서 멀리 떨어져 자신의 그림을 응시하는 것과 다름없다. 대목이 한옥을 짓는다면 소목은 한옥의 문과 가구를 제작하는 사람. 소목인 심용식 씨의 시선은 한옥을 아름답게 감싼 캔버스, 그러니까 창호에 머물러 있다.

한옥의 팔할은 창호다

"이 집에 설치한 창호는 1백80여 개, 종류는 30여 가지에 달하죠. 처음 개조할 당시에는 분기별로 창호를 바꿔보리라 다짐했는데 쉽지 않은 일이네요." 지난 2007년, 1년간의 개조 작업을 통해 지금의 모습을 갖춘 청원산방淸圓山房. 심용식 씨가 이 집을 보수할 당시 욕심을 부린 부분은 당연 창호다. 전국 방방곡곡의 사찰과 고택을 돌아다니며 창호란 창호는 모두 섭렵한 장인의 진지한 호기심이란 창호가 곧 벽이요, 벽이 곧 창호인 한옥이다 보니 다채로운 문살의 향연이 펼쳐지는 건 당연한 수순. 청원산방은 크게 세 가지 스타일을 표현하는 데 초점을 맞췄다. 궁궐과 사찰 그리고 민가의 공존. 다소 파격적인 믹스매치였지만 다행히 이는 전통 창호와 한옥을 온몸으로 체득한 장인의 손길과 심미안을 통해 유일무이한 한옥으로 거듭났다. "안방은 빛을 가려주는 '흑창'까지 설치해 사대부 집처럼, 주방은 둥그런 '달아자살문'과 꽃문을 달아 궁궐 느낌을 만들었습니다. 서재는 글씨를 새겨 넣은 '서각장지문'을 달았죠. 사찰의 느낌은 마당에서 바라본 안방 창문을 통해 감지할 수 있죠. 안방 제일 바깥 창은 절에서 사용하는 두 가지 종류의 꽃살문을 매치했죠."

휜 문지방을 살려 문 아랫부분을 접히도록 만든 접이세살문. 해남 대흥사에 있는 것을 재현했다.

심용식 씨의 설명을 따라 살펴보니 한옥 인테리어의 시작과 끝은 문이라는 게 확실한 듯했다. 기본 구조는 같을진대 문의 형태와 창살의 모양에 따라 확연히 다른 분위기로 변신하는 공간. 한곳에서 대표적인 전통 공간의 특징을 제대로 볼 수 있는 것도 놀랍고, 이 모든 것이 천연덕스럽게 어우러지는 것 또한 신기하다. 그리고 뭐니 뭐니 해도 '이 한옥이 저 한옥 같은' 얕은 심미안을 지닌 범인凡人의 눈이 창호를 보며 그 미묘한 차이를 감지하기 시작했으니! 감히 말하건대, 한옥은 창호를 아는 만큼 보이는 게 분명하다.

창과 벽이 되는 문, 창호의 이중 미학

초등학교 시절, 학교 앞 목공소에서 나무를 만지며 목수의 꿈을 꾸었다는 심용식 씨. 열일곱 청년이 되어 목수로 입문할 당시 그는 대목의 도제가 되어 한옥을 짓기 시작했다. 하지만 묘하게도 마음이 간 것은 창호. 한옥을 짓고 보면 제일 먼저 눈에 들어온 것도 문살이요, 창호를 만들 때 손끝으로 전해오는 섬세한 나무의 촉감은 자신이 목수라는 사실을 일깨워주었다.

"제가 문에 미쳐서 그런지 몰라도, 한옥의 전부는 창호 같아요. 기둥이 짧아 답답해 보이는 한옥도, 단아하고 지루해 보이는 집도 창호를 달리하면 금세 다른 공간이 되지요." 해인사 비로전, 창경궁 경춘전, 창덕궁 인정전 등 문화재를 포함해 일반 한옥까지 무려 5백여 채에 달하는 전통 가옥을 만들면서 그가 내린 결론은 한옥은 곧 창호라는 것이다. 특히 한옥을 짓고 마음에 들지 않아 고민하는 사람에게 창호를 교체하는 작업을 통해 마음에 드는 집으로 만들어줄 때면 그렇게 뿌듯할 수가 없다. 이런 의미에서 청원산방을 감싼 창호는 반세기를 바라보는 소목장 심미안의 결정체라 해도 과언이 아닐 터. 현재 그는

위 왼쪽 : 내부 문이 화려하면 바깥문은 간결하게 매치하는 이중 창호 연출법. 꽃완자문의 바깥문은 가장 대중적인 직선형 세살문으로 짝지었다.
위 오른쪽 : 대청마루 안쪽은 완자교살문을 설치했다. 그림 족자처럼 보이는 것 또한 창문으로, 이를 가운데로 밀면 빛을 차단하는 흑창이 되고, 병풍을 친 효과가 난다.
아래 왼쪽 : 사랑방과 서재로 두루 사용하는 두 공간 사이에 가벽 역할의 서각장지문을 설치했다.
아래 오른쪽 : 처마 밑 새 조각이 역동적이다.

이 집이 살아 있는 창호 박물관이 되기를 바라면서 외부에 공개하고 있다.
"방문객들이 가장 신기해하는 문은 둥근 '달아자살문'이에요. 궁궐에서만 사용하던 것이라 민가에서는 볼 수 없는 문이죠." 동산 위에 보름달이 뜬 모양 같다 해서 이름 앞에 '달'이 붙었고, 문짝 살대가 한자 '아亞' 모양이라 해서 '아자살'이라 불리는 달아자살문은 보름달이 둥실 떠 있는 고즈넉한 자연의 정취를 전한다. 한편 주방과 서재, 사랑방이 일자로 탁 트인 가운데는 마치 병풍같아서 작품과 사군자 그림을 배접한 문이 눈에 띈다. 이는 '서각장 자문'으로, 큰 방을 다양하게 나눠 쓰기 위한 '가벽'의 용도를 겸한다. 그리고 여기서 재미있는 것은 그 앞·뒷면이 서로 다른 모양이라는 것. 즉, 문을 다 닫으면 한쪽 방은 서예 작품, 다른 한쪽은 사군자 병풍을 두른 듯하다. 그러고 보니 한옥이 창호만으로 충분하다 자신할 수 있는 이유 또한 이런 것 때문 아닐까. 문짝의 표면과 이면을 달리 표현하고, 이중 삼중으로 설치할 때는 안과 밖을 서로 다른 창호로 매치할 수 있으며 문짝 조합 또한 각기 달리할 수 있다는 것. 이와 맥을 같이하는 청원산방의 창호는 그래서 어느 하나 아름다운 '반전'이 없는 것이 없다. 열고 닫았을 때 새록새록 새로운 모습이 드러나는 묘미란!

시대를 받아들이는 한옥, 창호도 진화한다
"이 집에 있는 모든 요소는 문화재로 만든 겁니다. 문고리, 바닥, 현판, 한지, 꽃담 모두 전통을 계승하는 장인들이 제작한 것이죠." 지난 2006년 무형문화재가 된 심용식 씨는 작은 부분 하나도 소홀히 할 수 없는 '신세'가 되면서 전통에 대한 애착이 더욱 커졌다. 그래서 문고리 하나도 '진짜'가 아니면 달 수 없었다. 그 결과 '오리지널 중에서도 최고급 정석'이 모인 한옥이 바로 이곳, 청원산

위 : 각기 다른 문을 설치해 화려한 분위기가 감도는 한옥.
아래 : 오랜 시간 함께해온 연장이 가득한 작업실에 선 무형문화재 소목장 심용식 씨.

방인 셈이다. 그런데 이 집을 자세히 들여다보면 그의 설명에 의문을 품을 수밖에 없는 상황을 맞닥뜨리고 만다. 콩기름 바른 누런 종이 장판을 기대했던 안방은 붉은색 장판이 깔렸고 손톱이 스치면 뚫어지지 않을까 조심스레 열고 닫았던 문은 창호지를 닮은 특수한 종이며, 밖의 풍경을 감상하도록 만든 '꽃완자문'은 투명한 유리로 마감한 것이니…. 전통을 고수하는 게 어떤 의미인지 묻고 싶다. "한옥처럼 억울한 공간이 또 있을까 싶어요. 멋지다 감탄하지만 살기 불편하다는 오명을 벗어날 수 없으니 말이죠. 그래서 이 집에는 지금 생활에 맞는 전통을 반영했습니다." 한옥이 불편하다는 대목 중 큰 비중을 차지하는 것이 창호. 바람 숭숭 들어오고, 철마다 찢어지거나 낡은 창호지를 새로 붙여야 하는 관리 대상. 하지만 이는 한옥의 속사정, 나아가 공시성을 무시했을 때의 관점이다. "원래 제대로 만든 한옥은 오중창이에요. 특히 안방과 같은 곳에서는 '흑창'이라고 해서 제일 마지막으로 닫는 문이 있는데, 병풍같은 형태로 빛과 바람을 완전히 차단하죠. 만약 한옥이 모두 이런 문을 갖고 있었다면 그렇게 춥지 않았을 테고, 유리창이나 물에 젖지 않는 창호지가 있었다면 종이를 새로 붙이는 수고도 없었겠지요." 한옥에 대한 누명을 벗기고자 노력한 결과, 청원산방 문살은 먼지가 끼지 않아 관리하기 편하고, 겨울철 외풍 없는 아랫목에서 단잠을 자는 호사도 누린다. "삼베에 황토를 물들인 장판은 사찰에서나 사용하는 것인데, 요즘은 한옥에 시공하기 좋게 개발하고 있지요. 방수와 내구성 뛰어난 특수 창호지도 현대에 맞게 발전한 형태고요. 이런 모든 것은 전통을 고수하는 전문가들이 현재 시간에 맞춘 것이기에 전통의 맥을 같이하는 게 아닐까 싶어요."

위 왼쪽 : 문살을 주제로 가구도 만드는 심용식 씨는 육각형이 반복되는, 거북이 등을 닮은 귀갑살문을 모티프로 책장을 만들었다.

위 오른쪽 : 안방 쪽마루 난간에는 전통 건축에서 가장 아름답다고 손꼽히는 박쥐무늬 장식을 더했다. 이것은 낙선재에 있는 것을 고증한 것이다.

아래 왼쪽 : 반듯한 우물 정井 자 문살에 매화꽃 무늬를 새긴 정자 매화꽃살문을 응용해 탁자로 만들었다.

아래 오른쪽 : 심용식 씨가 1년여의 기간을 두고 만든 당판문으로, 신사임당의 '초충도'를 표현했다.

살아 있는 창호 박물관, 그 안에서 맥을 잇다

청원산방에는 특별한 두 개의 공간이 있다. 벽면 가득 공구가 걸려 있는 심용식 씨의 개인 작업장이자 창호 제작 시연이 이뤄지는 별채와 대청마루의 '완자 교살문'을 열면 나타나는 창호 교육장 '성심예공원'. 시연장에서는 기본적인 짜 맞춤 기법으로 문살의 일부분을 제작하는 체험 학습을 진행하고, 성심예공원에서는 취미로 하는 수준을 넘어선 이들의 교육을 한다. 6개월 동안 진행하는 한 학기 수업에 무려 45명의 수강생이 있었다. 대형 목재를 재단하는 것 외에는 전부 손으로 해야 하는 창호 제작. 일반인이 학기 동안 혼신을 다해 완성하는 것은 기본형 세살문 단 한 짝이다. 그저 직선이 교차하는 단순한 디자인이 이렇게 오랜 시간이 걸린다니.

"기계로 자르면 더 반듯하지 않을까 싶지만 직선에도 종류가 있어요. 여기 만져 보세요, 가운데 부분이 좀 더 두껍죠?" 직선의 문살이 종과 횡으로 교차하는 지점, 문살의 두께가 미묘하게 얇아진다. 같은 문살처럼 보여도 각 지방 전통과 목재에 따라 두께와 너비에서 미세한 차이를 보이게 마련. 보통 사람이 단박에 인식하긴 힘들겠지만 이런 지극정성은 결국 보편적인 미감으로 다가오게 마련이다.

"둔탁해 보이는 한옥도 문살 모양이 선사하는 '착시 효과'에 따라 길고 넓어 보이게 마련이죠. 실패작이라 단념했던 한옥도 창호를 바꿔 변신에 성공할 때가 많아요." 창호의 '마술'은 여기서 끝이 아니다. 최근 부쩍 늘어난 작업은 아파트. 한옥에 살고 싶은 사람들의 대안으로 떠오른 게 창호다. 이에 심용식 씨는 적극적으로 화답한다. 자신의 한옥이 그러했듯, 아파트 역시 창호 그 하나로 충분하다고. 단순히 창호로 '포장'하는 것이 아닌, 공간 용도와 비례, 바람과

대청마루를 관통해 보이는 안방 문은 사각불발기문으로, 문짝 중앙에 불발기창을 낸 뒤
이 부분만 창호지를 바르고 창의 위아래는 벽지를 발라 빛이 투과하지 못하도록 만든 문이다.
불발기 창은 심리적으로 안정감이 드는 눈높이에 배치한다.

빛 그리고 거주자의 성향까지 고려해 한옥 생활을 느낄 수 있도록 재해석한 아파트. 이렇게나마 전통의 가치를 향유하는 사람들이 늘어가기에 행복한 요즘이다.

그 옛날 아홉 살 소년이 느끼던 나무의 촉감과 은은한 소나무 향기, 넋을 잃고 바라보던 수덕사의 문살. 우리가 미처 알지 못하던 전통의 미학을 지금 잊지 않고 즐길 수 있는 건 오래전 심용식 씨가 창호장의 운명을 지난한 노력으로 끌어안은 덕분이리라. 화창한 봄날, 아름다운 벚꽃이 드리워진 꽃살문을 보며 이 아름다운 문이 절대 시들지 않는 꽃이 되기를 바란다.

한옥이 아름다운 이유?
창窓, 문門, 창호窓戶

정자매화꽃살문
화려한 꽃문양으로 살대를 장식한 문을 꽃살문이라고 한다. 정자매화꽃살문은 정井 자 모양으로 짠 문살에 정교하게 매화를 조각한 것으로, 궁궐과 사찰에서 많이 사용했으며 단아하면서도 화사한 분위기를 연출한다.

눈곱재기창
문이나 창에 달린 아주 작은 창. 좌식 생활에 맞춰 문 아랫부분에 있었는데 밖의 동태를 몰래, 쉽게 살필 수 있고 겨울에는 열 손실도 줄일 수 있었다. 얼굴정도 크기며, 물을 나르거나 남편이 어른 몰래 아내에게 선물을 전달할 때 사용했다.

꽃완자문
궁궐에서 풍경을 감상할 수 있게 만든 창으로, 꽃 모양의 화려한 장식이 특징. 청원산방에는 이를 소박한 세살문 안쪽에 두었다. 안쪽 문이 화려하면 바깥쪽 문은 간결하게, 바깥쪽 문이 장식적이면 안쪽 문은 담담하게 매치하는 것이 요령.

빗완자교창

만卍 자 모양의 살을 45도 경사로 교차시켜서 짠 창. 화려한 멋이 풍기는 창으로 창호 윗부분에 설치해 '고창高窓'이라고도 부른다. 키가 작은 한옥에 대입하면 공간이 늘씬해 보이고, 반대로 규모가 있는 집은 더욱 웅장한 느낌을 준다.

솟을빗꽃살문

정자매화꽃살문이 정갈한 느낌이라면 솟을빗꽃살문은 빗살무늬 형태의 살대에 꽃의 형상을 보다 정교하고 도드라지게 조각한 것을 말한다. 청원산방에는 안방 바깥 창문으로 솟을빗꽃살문과 정자매화꽃살문을 조화시켰다.

사분합아자미서기문

문짝 살대를 아亞 자 모양으로 짜 만든 네 짝의 분합문으로 좌우로 여닫는 미서기문이다. 단아한 멋을 풍기는 문으로, 바깥 창이 화려하고 장대해 보인다면 그 안쪽은 사분합아자미서기문으로 중용의 미학을 선사한다.

팔각불발기창

보통 문짝 중앙에 불발기창을 내 빛은 투과시키고 창의 위아래는 빛이 새나가지 않는 종이를 붙인다. 팔각불발기창은 좌식과 입식 등 생활 방식 및 천장 높이, 그리고 집주인의 신체 조건에 맞게 위치를 달리해 제작할 수 있다.

완자교살문

교살문은 35도와 135도로 살대를 짜 넣은 문으로, 빗살 모양을 띠어 빗살문이라 부르기도 한다. 완자교살문은 교살문을 토대로 가운데 네모와 마름모가 겹친 모양을 만들어 직선이 연출하는 색다른 화려함을 느낄 수 있다.

전통 창호, 아는 만큼 보인다!

창호窓戶'란?
통풍과 채광이 목적인 '창窓', 방과 방을 연결하는 '호戶'를 일컫는다. 호는 공간과 공간을 잇는 통로로서 사람이 출입할 때는 문, 출입하지 않을 때는 창이 된다. 한국 전통 건축에서 창호는 당대의 주거 환경과 생활 방식, 문화적 배경, 자연 법칙을 바탕으로 발달해왔다. 일례로 '들어열개분합문'은 계절과 대가족 생활 양식에 맞게 공간을 변형할 수 있는 문이다. 평소에는 가벽으로 사용하다가 여름철이나 가족 행사 때에는 문을 들쇠에 매달아 공간을 넓게 사용할 수 있게 한 것이다. 창호는 사람 체격을 기준으로 제작하는데, 어른 어깨 너비에 비례한다. 따라서 요즘 한옥은 지금 체격에 준해 창호의 크기를 결정한다.

전통 창호, 어떤 자재가 좋을까?
창호는 예부터 춘양목을 주로 사용했는데, 이는 송진 함유량이 적당해 조직이 조밀하고 단단하며 잘 썩지 않아 색이 곱기 때문이다. 은은하게 퍼져 나오는 솔 향은 심신의 건강에 도움을 준다.

현대 공간에 어울리는 전통 창호는?
예부터 창호는 남성의 공간에는 사각에 정正 자 모양을, 여성의 공간에는 팔각과 원형을 많이 사용했다. 하지만 보편적으로 사랑받는 만卍 자나 아亞 자 같은 기하학 패턴이 반복되는 창호는 모던한 공간과 잘 어울린다. 문살 모티프를 활용한 찻상이나 탁자, 병풍 같은 가구를 함께 매치하면 한옥의 정취를 느낄 수 있다.

한옥을 지을 때 창호 예산은?
옛날 영국에서는 창문 개수에 따라 세금을 달리 매겼다고. 그만큼 창문은 '부의 상징'이자 많으면 많을수록 살기 좋은 집으로, 멋진 전망을 누릴 수 있다는 뜻. 벽체가 곧 창이 되는 한옥에서 창호의 의미는 두말할 나위 없다. 소목장 심용식 씨는 대물림을 할 만큼 제대로 된 한옥을 짓고 싶다면 예산의 3분의1은 창호에 쓰는 게 이상적이라 말한다. 물론 창호의 소재와 디자인 난이도에 따라 이보다 더 높은 비율이 나올 수 있겠지만, 평균적으로 전체 예산에서 3분의1 수준을 유지한다면 수준급의 한옥을 지었다는 뜻.

높이로 그 집에 사는 사람의 신분을 상징하는 솟을대문.

전통문화 체험 공간, 국민대학교 명원민속관

바람이 주인이고
사람은 객이라네

1백여 년 역사를 지닌 조선시대 양반 가옥 한규설 대감 고택을 이전하며 연못과 정자, 초당을 세워 완성한 국민대학교 '명원민속관'. 조선시대 상류층 저택의 면모를 살펴보며 더위도 피해 갈 수 있는 이곳은 더 이상 살림집이 아니다. 다도와 전통문화를 체험할 수 있는 열린 공간이다.

위 : 한규설 대감 고택의 전경. 사진 왼쪽 위쪽의 솟아나온 지붕이 솟을대문이다.
가운데 자리 잡은 큰 ㄱ자형 건물이 안채, 그 뒤 오른쪽으로 보이는 ㄱ자형 건물이 사랑채이다.
안채 양옆 담을 따라 있는 건물은 각각 사당(왼쪽)과 별채이다.
아래 : 안채의 대청마루를 통해 바라본 풍경.
최왕돈 전 관장(오른쪽)과 수업과 안내를 맡고 있는 서미숙 씨(왼쪽).

그저 가만히 놓아두어도 뚜렷한 계절감을 공간 깊숙이 끌어들이는 것이 한옥의 매력이다. 30℃를 육박하는 때 이른 무더위 속에서 찾은 명원민속관에는 자연과 어우러진 풍광이 있어 그 매력을 고스란히 느낄 수 있다. 게다가 연못과 마당의 나무를 스쳐 온 바람은 활짝 들어 올린 문을 통과하면서 특별한 정취를 만든다. 대청과 방이 시원한 것이 이곳에 앉으면 청량한 공기를 선사받는다. 여기선 오히려 바람이 주인이고 사람은 객이 된다.

차 문화 부흥의 의지를 담다

복잡한 도시에서 이런 공간을 맛본다는 것은 분명 흔치 않은 경험이다. 서울 시내에서 1백 년 이상의 역사를 지닌 한옥은 손으로 꼽기도 힘들다는데, 1890년경 지어진 이곳은 서울시 민속자료 제7호로 지정되었다. 원래는 조선시대 한성판윤에 고등재판소 재판장 등을 지낸 한규설 대감의 집으로, 중구 장교동에 있었던 고택을 1980년 도시 재개발로 멸실될 위기에 처하자 이전해 온 것이다. 이를 추진했던 사람은 바로 故 명원 김미희 여사. 그는 국민대학교의 발전을 일군 성곡 김성곤 선생의 부인으로 1968년부터 전통 차 문화를 연구하며 차 문화 부흥을 위해 노력했다. 그가 이 집의 원래 소유주로부터 무상으로 기증받아 다례와 전통문화의 교육장으로 활용하겠다는 뜻을 펼치게 된 것이다. 그리고 자신의 다실인 '녹약재'의 이름을 따라 '녹약정'이란 정자와 연못을 만들고, 다성 초의선사(조선 후기 한국 차 문화를 중흥시킨 인물)가 기거하던 전라남도 해남 대흥사 일지암과 동일한 형태로 초당을 지었다. 이렇게 한규설 대감 고택을 원형 그대로 이전해 온 문채, 사랑채, 안채, 사당채에 두 가지 영역이 더해져 지금의 명원민속관이 완성되었다. 또 손실된 솟을대문을 복구했다.

녹약정과 연못. 유유자적하며 자연을 느끼도록 했다.

60칸 조선시대 상류층 저택의 전형

조선시대에는 신분에 따라 주택 규모를 제한했는데, 시행 초기 대군은 60칸, 군과 옹주는 50칸, 종친과 2품 이상은 40칸, 3품 이하는 30칸, 서인은 10칸으로 정해놓았다. 시간이 흐르면서 이의 효력은 약화되었고 개인 집이 1백 칸을 넘을 수 없다는 규제 아래 편법적으로 1백 칸 내외의 집을 짓기도 했다.

그렇지만 오늘날 그 원형을 간직한 집을 특히 서울에서 찾아보기란 쉽지 않다. 그것도 살림집으로. 창덕궁 내 연경당처럼 99칸 규모인 집도 있으나, 이는 조선시대 사대부의 생활상을 파악하기 위해 실제 주택의 모습을 그대로 따라 지은 일종의 견본이라 할 수 있다.

한규설 대감의 고택은 60칸, 전형적인 조선시대 상류층 저택이다. 대문은 주인의 지체를 상징하는 솟을대문이며 가마를 타고 드나들 수 있을 정도의 규모다. 이를 지나면 이내 두 개의 중문이 나타난다. 하나는 사랑채로, 다른 하나는 안채로 향한다. 사랑채의 절정은 사분합문(4개로 분할된 문). 이를 들어 열면 사통팔달 '바람 길'이 생긴다. 동시에 마당의 나무와 담장, 안채의 지붕 선을 살며시 담아낸 액자가 만들어진다.

전통 건축을 이야기할 때 가장 빈번히 등장하는 차경借景(외부 경치를 내부로 끌어들인다는 의미에서 비롯된 표현)의 묘미일 것이다. 안채는 대문으로부터 먼 북쪽에 자리 잡았다. 안방, 대청 그리고 건넌방으로 이뤄졌고 뒤쪽으로 부엌과 찬방이 있다. 방과 마당의 면적이 넓어 과거 가족들의 대소사를 치렀던 다채로운 성격의 공간이 지금은 수업이나 여러 가지 행사의 무대가 되고 있다.

이 외에 다도 체험을 위한 학생 동아리 '명운다회'의 공간이 되어버린 별채에 사당까지 갖췄고, 채별로 행랑마당, 사랑마당, 안마당, 사당마당이 있다.

사랑채의 마루. 사랑방의 사분합문을 들어 올려 시원한 바람을 맞는다.
융통성 있는 집, 한옥의 특징을 잘 살려준다.

결핍을 해소하는 공간

"융통성이 있고 개방적이란 것이 한옥의 매력 아닐까요? 거기에 바람이 들려주는 풍경 소리에, 문만 열면 언제든 푸른 자연을 볼 수 있지요." 2007년 당시 명원민속관 최왕돈 관장의 말이다. 국민대학교 건축대학 교수로 관장의 자리에 오른 그는 사실 한옥과 벌써부터 인연이 있었다. 어린 시절 살았던 한옥이 중요미술자료와 무형문화재로 등록된 대구 옥골마을의 '삼가헌(박황 가옥)'이었던 것. 여기서 지낸 3년이란 시간은 결코 길지 않지만 한옥에 대한 특별한 기억을 심어주기엔 충분했다고 말한다. 그가 이곳에 살면서 마음속에 담아둔 한옥의 모습은 항상 자연과 함께 있는 집이다. 그런 의미에서 서울 한복판에 있는 이 고택이 갖는 의미가 남다르다. 요즘 한옥은 마당이 여유롭지 못하다는 단점이 있지만 이곳에서는 자연으로 둘러싸인 진짜 한옥의 멋을 느낄 수 있다. 그래서 종종 학생들과 이곳에서 건축 수업을 하며 한옥이란 공간이 주는 풍부한 경험을 체득할 수 있게 한다.

"날씨 좋은 날이면 야외 수업을 하자고 해요. 그러면 학생들은 좋아하죠. 요즘 학생들은 야외 수업이라고 하면 호프집이나 식당 같은 곳을 생각하더라고요. 그런데 이곳에 데려오면 처음엔 좀 실망하는 기색을 보이다가 시간이 흐를수록 즐기는 모습을 보게 돼요. 수업을 하기에도 참 좋습니다. 소음도 없고, 특별히 수업을 방해할 만한 요소가 없죠. 새소리, 바람에 나뭇잎 스치는 소리, 가끔 개 짖는 소리 정도만 들릴 뿐이죠." 이곳에선 크게 국민대학교 학생들을 위한 교양 수업으로 다례와 연관 학과들이 자체적으로 진행하는 건축 수업이 주로 진행된다. 이 외에도 가끔 전통문화 행사를 개최하며, 유치원생, 중·고등학생들을 위한 전통 건축 및 다례 체험 공간으로 일반인에게도 항상 열려 있다.

위 : 활짝 열어놓은 창이 마치 액자처럼 보이는 안방.
아래 왼쪽 : 사랑방의 모습. 옛날 학문을 갈고 닦던 공간의 정취를 그대로 간직하고 있다.
창밖 풍경이 한눈에 계절감을 느끼게 해준다.
아래 오른쪽 : 안채 대청에 다례 수업을 위한 다구를 준비해놓았다.

건축 중에서도 한옥처럼 예민한 것이 없다 한다. 매일 사람의 손길이 닿는 집과 그렇지 않은 집의 차이가 뚜렷하다. 오래된 집일수록 더욱 그렇다. 꾸준히 이용하고 보존해야 할 공간이기에 관리와 이용의 균형을 잘 조절해야 하는 가운데, 최왕돈 관장은 이곳이 좀 더 활성화되었으면 좋겠다고 한다. "편하고 기능적인 공간만이 좋은 것은 아니잖아요. 한 발짝만 움직여도 이렇게 자연에 맞닿아 그것을 느낄 수 있는데, 지금 우리가 살고 있는 도시 환경 속에서는 이런 느낌이 많이 결핍되어 있는 것 같아요. 진짜 편한 것, 쾌적한 것이 무엇인지 생각해보게 돼요."

성북동에 자리한 한국가구박물관 입구.

전통 가구를 집대성한 한국가구박물관

세계인의 박물관으로
비상하다

그가 아니었다면 과연 누가 우리나라 주거 문화 역사를 이처럼 일목요연하게, 완성도 높게 정리할 수 있었을까? 한옥에 우리 전통 가구를 집대성한 한국가구박물관. 일찍이 전통 미학을 살아 있는 생활로 체득한 정미숙 관장이 일생의 업으로 일군 이곳은 그동안 우리가 얼마나 아름답게 살아왔으며, 또 앞으로도 그렇게 살아야함을 알려준다.

위 : 궁궐에서 볼 수 있는 긴 복도인 회랑채가 있는 메인 전시관.
중정에 푸른 이끼는 3대째 내려오는 것으로, 매일 물을 주고 관리한다.
아래 : 사대부가의 대청 마루에는 책가도를 펼쳐놓았다.

아마 10년도 훨씬 전부터였을 거다. 당시 굽이진 성북동 북한산 자락 도로를 지날 때면 이곳을 보는 재미가 남달랐다. 풍취 좋은 너른 터에 한옥을 짓는 광경. 그런데 언젠가부터 이 재미는 설렘 아닌 지루함이었고, 기대 아닌 포기였다. 한 달, 아니 계절이 바뀔 만큼 오랜 시간이 지나도 담장 너머 기와 능선은 더 이상 늘어나지 않는 듯했고, 해가 바뀌어도 마찬가지였다. 현실의 시계를 무시한 채 정성 들여 짓는 한옥이겠거니, 그렇게 여러 해가 흐르는 동안 여유롭던 마음도 한계에 이르러 '그 집 앞'을 지날 때면 반사적이던 촉각이 무뎌졌다. 하지만 이내 이곳에 다시 눈길이 머물렀다. '한국가구박물관'이라는 현판이 걸린 담대한 풍채의 한옥. 그토록 오랜 시간이 걸릴 수밖에 없었던 이유가 있었다니!

다양한 삶을 담은 다채로운 한옥

서울 시내가 한눈에 들어오는 이곳에 터를 잡은 지 17년 만인 2012년 4월, 한국가구박물관이 드디어 모습을 드러냈다. 이탈리아 명품 패션 브랜드 구찌 Gucci의 91주년 특별 전시가 열리는 박물관이자, 이를 큐레이팅한 갤러리로서 공식적으로 처음 대중에 오픈한 한국가구박물관. 사람들의 반응은 가히 폭발적이었다. 구찌의 역사를 한국 전통 공간에 서술한다는 콘셉트도 획기적이지만, 무엇보다 놀라운 건 박물관 자체가 한국 주거문화를 제대로 보여주는 특별 전시에 다름 아니었으니 말이다.

여백의 미가 살아 있는 한 폭의 산수화 속에 열 채의 한옥이 들어선 형국이라면 맞을까? 2천5백여 평 광활한 대지 위에서 무려 15년간 우리 옛 주거 문화가 되살아나길 바라는 마음으로 기와 한 장, 작은 꽃나무 하나에도 모든 지식과

전시관에 들어서면 가장 먼저 만나는 아카이브.
먹감나무 장 안에 작품을 놓고 연출하기도 한다.

정성을 담아 완성했다는 한국가구박물관. 일찍이 우리 전통문화, 그중에서도 생활 미학에 높은 관심과 안목을 쌓아온 정미숙 관장이 궁극적 삶의 지표로 삼은 이곳은 '살아 있는 박물관'이라 할 수 있겠다. 단순히 조선 시대 전통 목가구를 모아놓은 게 아니라, 지방마다 다른 자연환경과 생활 양식에 따라 탄생한 가구를 선별하고, 그 쓰임새를 완벽하게 파악해 이를 제대로 담아낼 수 있는 한옥을 만들었다니 이 어찌 살아 있는 곳이 아니랴. 게다가 이 한옥 중 일부는 '오리지널'을 복원한 것이다. 보존 가치가 높은 한옥이 헐릴 때마다 정미숙 관장이 열 길을 마다 않고 달려가 고이 '모셔 온' 기둥과 기와를 재조합해 '흉내' 아닌 '복원'한 것.

크게 궁채, 곳간과 부엌채, 사대부 집 등 다양한 양식의 한옥으로 구성한 박물관은 어느 하나 근본 없는 것이 없다. 메인 전시관인 궁채는 실제 궁의 일부를 재현한 곳. 일제 강점기에 창경궁이 창경원으로 바뀌면서 일부 궁을 해체할 때 나온 기와를 사용했는데, 눈여겨보니 실제 그 문양과 섬세함이 남다르다. 보통 한옥의 지붕 끝 부분을 둥근 장식으로 막는 '막새기와'를 볼 수 있는데, 궁궐에서 사용한 막새기와에는 용 문양이 섬세하게 장식되어 있다는 사실. 이런 차이를 모르고 기와를 보면 그 의미를 눈치채기 어렵겠지만, 대문채에 들어서자마자 펼쳐지는 궁궐채에서 남다른 위엄을 느꼈던 건 바로 이런 섬세한 차이에서 비롯된 것 일 터. 한편 남산과 서울 성곽을 한눈에 조망할 수 있는 기막힌 전망을 갖고 있는 사대부 집은 조선의 마지막 왕인 순종의 비妃 순종효황후가 궁을 나와서 살던 사가를 복원한 것이다. 조금은 슬픈 역사를 간직한 집이지만 이곳처럼 아름다운 한옥은 또 없다는게 관계자의 설명. 외출이 자유롭지 않았던 옛 사대부가에서는 정경부인의 방을 가장 좋은 자리에 배치했는데, 실

창덕궁에 있는 '불로문'을 요즘 사람 체형에 맞춰 조금 더 크게 만들었다.
이 문을 지나면 늙지 않는다는 이야기 때문에 그야말로 인기 만점.

제 이곳 사대부 집 방 안에서 바라다본 전망은 그림을 그린 듯, 서울 성곽과 남산의 능선이 리드미컬하게 교차한다.

한국 목가구가 한옥에 놓여야 하는 이유

"이건 강원도 목기 등잔대인데 어머니께서 현관에 두고 사용하셨죠." 정미숙 관장이 평생을 두고 모은 전통 목가구는 무려 2천 여 점. 일찍이 우리 전통 주거 문화의 가치를 생활 속에서 이어가던 어머니에게서(우리나라 최초의 여성 변호사이던 故 이태영 박사) 영향을 받았다는 그는 대학에서 서양화를 전공하며 탄탄히 다진 미감을 바탕으로 한국 전통 가구와 건축을 공부했다. 전통 목가구와 살림살이를 비롯, 한옥과 정원 등 주거 문화 전반을 섭렵한 것은 물론, 이런 한국 주거문화의 세계적 가치를 가늠하기 위해 일본과 프랑스 등에 있는 전통 주거 문화 '박물관'을 찾아다녔다. 그리하여 우리 전통 가구, 한국의 주거 문화처럼 실용적이고 세련된 미감을 지닌 것이 없다는 걸 확신하고 지금의 박물관 건립을 결심했다고.

정미숙 관장이 박물관 건립을 앞두고 치열하게 고민한 내용은 두 가지로 좁혀진다. 하나는 이런 가구와 이러한 집이 생성된 필연성을 오롯이 보여주는 것, 다른 하나는 전통 미학을 현대를 살아가는 우리와 세계인이 동시에 공감할 수 있도록 과거와 현대의 접점을 찾는 것, 그리고 찾은 해답은 정도正道를 걷는 정면 돌파였다. 요령을 부리고 재치를 더하기보다는 정석과 진리를 간결하게 제대로 보여주는 기지를 발휘하면 '절대 미감'에 동화될 수 없는 법이다. "한옥은 알고 보면 과학적 '모듈' 건축이에요. 흔히 한옥의 '한 칸'은 기둥과 기둥 사이를 일컫는데, 조선시대에 이 한 칸의 사이즈는 궁이 3m, 사대부가 2.4m, 민가

궁궐의 담을 재현한 것으로 훗날 역사적 사료로 활용될 수 있도록 제대로 만들었다.

는 1.8m 규격이었죠. 그리고 이에 비례해서 창문 크기도 나름의 규격이 있었는데 사대부가 창 한쪽의 폭은 55cm 정도로, 창 앞에 놓는 사방탁자 크기 역시 이와 같지요." 설명을 듣고 보니 곳곳에 놓인 고가구, 어느 하나 존재의 이유가 없는 게 없다.

그리고 이내 발길을 돌려 지하에 마련된 별도 전시실에 이르니, 이곳에서 만나는 가구 역시 마찬가지. 2천여 점의 소장품 중 5백여 점을 전시한 이곳은 조선시대 당시에도 집대성할 수 없었을 분류법으로, 한국 전통 가구가 일목요연하게 전시되어 있다. "전통 가구의 기본형은 사각 함이에요. 이 함의 문이 반만 열리면 '반닫이'가 되고, 함을 위로 쌓으면 '농'이 됩니다." 한옥 전시실과 달리 가구만 모아놓은 전시관은 이 같은 가구의 생성 원리를 따라 컬렉션이 디스플레이된다. 그리고 또 이 '기본기'를 이해할 무렵에는 회가시나무, 먹감나무, 느티나무 등 전통 목가구에서 중요하게 쓰인 목재에 따라 분류한 가구를 소개한다. 다음 코너에서 또 한 번 등장하는 반닫이는 각 지방마다 달라지는 특징을 비교할 수 있도록 놓여 있고, 마침내 우리가 잘 모르던 가구, 즉 제례·의례용 가구, 남자와 여자 성별에 따라 특화된 가구까지 만날 수 있다.

한국의 가구, 서양의 패션을 품다

한옥의 창호는 사람의 어깨너비를 기준으로 이상적인 비례와 크기를 찾았고, 그 안에 놓는 가구는 사람과 공간을 동시에 고려해 제작했다. 팔을 올려놓는 위치, 눈높이, 그리고 바깥 풍경이 보이는 창문 높이 등 사람과 공간을 기준점으로 탄생한 조선 목가구는 그래서 한옥 안에 놓고 또 한옥 안에 앉아서 볼 때 그 참의미와 매력을 이해할 수 있다. 이런 맥락에서 전통 목가구를 과거

가장 좋은 전망을 갖고 있는 정경부인의 방이 민화의 은은한 화려함 덕분에 한층 더 밝아졌다.

의 유물이 아니라 오감으로 충분히 감흥할 수 있도록 박물관 자체가 살아 있는 생활 공간이 되고자 한 한국가구박물관. 그 진가는 G20 정상회의를 통해 확실히 인정받기 시작했다. G20 정상회의 때 영부인 오찬을 이곳에서 성공적으로 개최한 이후 한국 전통문화를 알리기 위한 국내외 주요 행사 섭외 대상 1순위로 떠올랐고, 미국 CNN 방송에서는 한국가구박물관을 서울에서 가장 아름다운 박물관이라 소개하기도 했다. '박물관으로서 완벽하기 전에 절대 문을 열지 않겠다'는 입장을 고수하던 정미숙 관장이 이런 국제 행사를 위해 대문을 활짝 연 이유는 단 하나. 한국 전통 주거 문화를 세계적으로 알리기 위함이다. 이와 함께, 한국가구박물관은 또 한 번 전기를 맞이했는데, 이탈리아 명품 브랜드 구찌가 탄생 91주년을 기념하는 특별 아카이브 전시를 한국가구박물관에 의뢰한 것. "구찌는 당신 손에 있습니다(Gucci is in your hands)!" 한국가구박물관을 둘러 본 구찌 아카이브 담당자는 정미숙 관장에게 전시 콘셉트부터 아카이브 선정까지 거의 모든 것을 위임하며 '삼고초려'했고, 이에 대한 그의 답은 이전과 마찬가지였다. "한국의 전통문화가 구찌를 아름답게 품는 것으로, 세계가 한국의 미를 이해할 수 있도록 하겠다"는 것이었다. 〈변하지 않는 장인의 손길(Timeless Touch of Craftsmanship)〉이라는 제목으로 열린 구찌 91주년 특별 아카이브 전시는 정미숙 관장의 다짐대로 한국의 가구가, 한국의 전통미가 구찌를 완벽히 보듬었다. '조선 시대, 구찌를 좋아한 한 여인의 주거 공간 속'으로 들어간 구찌 아카이브. 대나무로 만든 사자리농 위에 대나무 손잡이 구찌 백이 놓여 있고, 둥근 장석의 이층장 위에 동그란 구찌 로고 잠금장치가 도드라진 클러치백이 자리한다. 구찌가 대나무를 통으로 휘어 사용했다면 한국에서는 대나무를 잘게 쪼개고 엮어서 장을 만들었고, 구찌가 원형 잠금장치에

위 왼쪽 : 부엌채 한옥. 전라도 송관사 요사채를 재해석한 것으로 반원형 광창이 특징.
그래픽 패턴같은 모던한 디자인이 돋보이는 가운데 그와 어울리는 둥근 절구를 매치했다.
위 오른쪽 : 굴뚝을 아름답게 장식해 집의 일부로 끌어들인 점은 우리 주거 문화의 독보적 미덕 중 하나.
아래 왼쪽 : 여럿이 차를 즐길 수 있는 다실에 연출된 소반.
아래 오른쪽 : 눈높이와 풍경 그리고 창의 폭을 고려해 만든 조선 목가구의 과학적인 비례미를 엿볼 수 있는 공간.

고유의 로고를 표현했다면 이층장의 원형 장석은 '하늘'을 뜻하며 우주를 담았다. 구찌가 한국 브랜드인지, 한국 전통 가구를 구찌에서 제작한 것인지! 90여 점의 구찌 아카이브는 이렇게 한국가구박물관에서 우리 문화와 혼연일체를 이뤘고, 닮은 듯 다른 미묘한 '착시 현상'은 전시를 보는 사람들에게 어디서도 느낄 수 없는 색다른 감흥을 선사했다. 이 전시는 구찌 이탈리아 본사뿐만 아니라 국내 관람객의 적극적인 호응에 힘입어 연장 전시하는 것으로 최고의 찬사를 받았다.

한옥과 그 안에서 꽃피운 우리의 생활 문화가 아름다웠던 것은 대문을 열고 행랑채를 지나 정원을 거닐고 돌담 사이 문을 넘어 마당을 가로질러 대청마루가 있는 본채에 다다르기까지, 한 곳 한 곳 문을 열고 닫으며 곳곳을 둘러 보는 여유가 있었기 때문. 이제 세계를 향해 살아 있는 한국 미학을 알리기 시작한 한국가구박물관은 앞으로 이와같은 리듬을 통해 보다 가치 있는 문화를 제안한다고 하니, 우리도 그 박자에 장단을 맞춰보는 것은 어떨까. 이것부터가 어쩌면 진짜 우리네 생활 문화가 지닌 멋이었을지 모르니 말이다.

청춘재의 대문은 공간의 한계 때문에 한 짝 대문으로 만들었지만 그래서 더 정겹고 친근하다.

조주립 씨의 가회동 청춘재

한 번쯤 머물다 가고 싶은,
꿈꾸는 사람들을 위한 한옥

한옥이 멋있고 좋은 줄은 알지만 바쁘고 여유 없는 삶을 살기에 그저 먼 일이라 치부하고 포기하는 것이 우리 모습이다. 하지만 청춘재의 주인장은 포기하지 말고 꿈을 꾸라고 말한다. 꿈을 꿔야 꿈을 이루는 기회가 생기는 법. 내 소유가 아니면 어떤가. 하룻밤 묵어가는 청춘재는 그 하루 동안은 온전히 내 한옥인 것을. 작지만 큰 한옥 청춘재青春齋 이야기.

대청에서 누마루 쪽을 바라본 모습.
넓진 않지만 멋과 풍류가 있어 시간 가는 줄 모르고 머물게 되는 한옥이다.

'자투리 땅'이란 바로 청춘재의 부지 같은 곳을 두고 하는 말이다. 한옥들이 오밀조밀 밀집해 있는 가회동 31번지 교차하는 골목 사이, 모퉁이에 애매하게 자리한 좁고 삐죽한 땅에 청춘재가 자리 잡고 있다.

이 한옥은 주인 조주립 씨가 '심심헌尋心軒'에 이어 두 번째로 지은 한옥이다. 대지 면적은 고작 19평. 게다가 변형된 마름모 꼴 두 개가 나란히 붙은 형상이다. 조주립 씨는 심심헌 근처에 개인 주차장을 만들 요량으로 이곳에 공사를 시작했다가 이처럼 주차장과 주거용 한옥을 완성하게 됐다. 주거 지역이지만 지형이 워낙 열악했기에 처음엔 이 좁은 땅에 사람 사는 공간이 제대로 완성될지 의문이 생겼다.

무슨 공간을 어떻게 구색 맞춰 넣을지 완벽한 계획을 세운 건 아니지만 일단 원래 땅의 용도대로 집을 지어보자고 마음먹었다. 2010년 완성하고 보니 참으로 신기하게도 이 작디작은 한옥에 안방과 대청, 누마루와 화장실 그리고 대청에서 서너 계단 내려가면 나타나는 부엌과 아담한 마당까지 부족함 없이 갖춘 공간이 되었다.

"일단 꿈꾸고 해보면 이루는 방법이 나오게 마련이지요. 집 입구가 좁아서 대문을 어떻게 하나 고민하다가 문을 하나만 달았거든요. 그런데 이 문 크기가 보통 한옥 대문보다 커요. 대문이 두 짝이더라도 결국 출입할 때 쓰는 문은 하나이니, 들고 나는 입구 문만 본다면 청춘재의 대문이 더 큰 셈이지요." 구석구석 세심하게 고민해 이 한옥을 완성한 조주립 씨의 설명이다.

청춘들이 한옥을 체험하는 곳

조주립 씨의 첫 번째 한옥 심심헌은 북촌에서 사라져가는 한옥을 지키기 위해

안방에는 필요에 따라, 혹은 장식으로 달아 놓은 문과 창이 있다.
각기 다른 문과 창의 문양이 시각적 즐거움을 선사한다.

2004년 완성한 집으로, 전통 건축 방식을 고수해 한옥의 격과 멋은 살리면서 현대적 기능을 조화롭게 배치해 호평을 받았다. 완공한 지 10년이 되었지만 여전한 아름다움을 간직하고 있어 많은 사람이 즐겨 찾는다. 심심헌이 한옥의 멋을 감상하고 견학하는 곳이라면, 청춘재는 한옥에서 오롯이 하루를 지내며 우리 문화를 체험하는 게스트 하우스다.

조주립 씨는 창의 비율, 조명등을 감싼 한지 등 마음에 들지 않으면 몇 번이고 다시 고친 심심헌의 주인답게 청춘재 역시 작은 디테일 하나까지도 꼼꼼하게 신경 썼다. 문화재 대목기능인 제1778호 정영수 대목을 비롯, 완성하는 데 3년이나 걸린 심심헌을 함께 만든 목수와 장인들이 청춘재를 위해 또다시 작업에 참여했다.

그래서일까, 청춘재에 들어서면 누구라도 한 번쯤 머물다 가고 싶을 만한, 단아하고 기품 있는 공간의 매력이 느껴진다. 새것처럼 뻣뻣하지도 않고 방치한 것처럼 낡지도 않은, 딱 알맞게 따뜻하고 우아한 질감의 고재들은 말로 설명할 수 없는 아늑함을 선사한다. 정갈하고 담백한 한지 바른 창과 은은한 빛을 받아 그 창에 드러나는 문살 그림자는 바라만 보아도 저절로 마음이 편안해지고 치유가 되는 듯하다. 공간마다 바깥으로 향하는 작은 창을 열면 각각 옆집의 감나무와 소나무가 그림처럼 눈에 들어오고, 굽이굽이 이어진 기와지붕들도 눈길을 사로잡는다. 차 한잔, 술 한잔을 벗과 나누며 풍경을 즐기기에 부족함이 없다. 게스트 하우스로 활용 중인 이곳을 찾은 사람들은 이런 충만함 속에 잊지 못할 하루를 체험하고 갈 듯하다.

"청춘재는 이름처럼 젊은이들이 꿈을 꾸고 가는 공간이 되길 바랍니다. 많은 사람이 꿈조차 꾸지 않고 지레 포기하잖아요. 한옥이 좋기는 하지만 여유 없

작가 정광호 씨의 물고기 조각이 곧 비상할 것처럼 걸려 있는 마당 풍경이 한 폭의 그림 같다.

는 나에게는 먼 나라 이야기라며 포기하고 말죠. 하지만 저는 청춘재를 통해 한옥을 너무 어렵게만 생각하지 말라고 이야기하고 싶어요. 작게라도 한옥을 소유할 수 있어요. 만약 그럴 상황이 안 된다면 청춘재에 머무는 그 하루 동안은 한옥이 온전히 내 집이 되는 거죠. 안 된다는 생각 말고 일단 꿈을 꾸길 바라요."

못난이 땅이 만들어낸 독특한 집 구조

작은 땅, 그것도 네모반듯하지 않은 마름모꼴 두 개가 붙은 모양의 땅에 들어선 한옥인지라 청춘재에는 독특한 구조가 여럿 탄생했다. 코너에 자리 잡은 마당과 화장실은 삼각형 공간이 되었다. 아담한 삼각형 마당엔 보랏빛 물망초가 옹기종기 자리 잡고, 대문에서 집 안으로 이르는 길은 포방전을 모자이크 작품처럼 모양내서 깔아 멋스럽다.

이 한옥과 옆집의 경계가 되는 마당 한쪽 담에는 작가 정광호 씨의 거대한 물고기 조각을 설치했다. 넓진 않지만 멋과 풍류가 있어 대청이나 안방에서 문을 통해 바라보고 있으면 시간 가는 줄 모르고 푸근한 마음이 드는 마당이다.

역시 삼각형인 화장실은 이 한옥에서 가장 좁은 공간. 각진 공간 때문에 특별히 그 형태에 맞추어 세면대를 따로 주문 제작했다. 화장실 내부는 옥상 방수용 도료로 흔히 쓰는 초록색 도료로 마감했는데, 그 과정이 쉽지만은 않았다. "이것이 사실 바닥용 도료거든요. 바닥에는 적합하지만 벽에 칠하기에는 힘든 재료예요. 벽 부분이 깔끔하게 마감되지 않고 줄줄 흘러내려 물 자국이 계속 생겼죠. 그걸 다시 갈아내 덧칠하고 또 덧칠하고…. 세 번을 다시 칠해 완성한 것이랍니다."

위 왼쪽 : 누마루 아래쪽에 있는 부엌 공간. 작지만 필요한 것은 다 준비되어 있다.
위 오른쪽 : 청춘재라는 이름처럼 조주립 씨는 이곳에 젊은이들이 많이 머물다 가기를 바란다. 가운데 앉아 있는 젊은이는 조주립 씨의 아들로, 뉴욕에서 건축가로 활동한다.
아래 왼쪽 : 작은 화장실임에도 아기자기한 수납공간, 옆집 담장 풍경을 볼 수 있는 작은 창까지 갖추었다.
아래 오른쪽 : 처음 이 한옥이 탄생한 계기가 된 주차장. 긴 삼각형의 한쪽 절반이 주차장인 셈이다.

이 좁은 집의 백미는 누마루. 집을 짓는 도중 부엌 높이를 살짝 낮추었더니 설계 당시엔 수납공간이던 다락이 의젓한 누마루가 되었다. 부엌은 누마루 아래로 계단을 내어 만들었다. 청춘재 안에서 보자면 지하에 해당하는 셈이지만 경사가 진 지대 덕에 밖에서 보면 부엌도 지상에 자리한 셈이다. 그 때문에 작은 살창으로 바깥바람이 솔솔 들어오는 답답하지 않은 부엌이 되었다. 세탁기와 냉장고 등 가전제품을 놓을 자리가 부족했는데, 이것은 부엌에서 대청 아래쪽으로 땅을 더 파내 공간을 확보했다.

아마 청춘재보다 작은 한옥을 만나기는 어려울 듯싶다. 그리고 이렇게 작은데 모든 것을 아쉬움 없이 갖춘 한옥을 만나기는 더 어려울 듯싶다. 한낮부터 해 저물녘까지 안방에서, 누마루에서, 마당 쪽마루에서 청춘재의 시간을 들여다보며 이렇게 작아도 한옥이기에 풍요로울 수 있음을 깨닫는다. 이 한옥과 면적이 같은 아파트나 오피스텔이라면 이런 풍경과 마당과 하늘을 상상이나 할 수 있었을까. 이곳은 젊은이들이 새로운 라이프스타일을 꿈꿔볼 수 있는 공간이기에 '청춘'재이고, 무엇보다 지치지 않고 늘 새로운 꿈을 꾸는 조주립 씨의 청춘 같은 열정이 담겨 있어 '청춘'재다.

청춘재에서 발견한 보석 같은 아이디어

반듯하지 않은 세면대
독특한 땅의 구조상 삼각형인 화장실은 이 한옥에서 가장 좁은 공간. 각진 공간에서 가장 난감하던 것은 세면대를 놓을 위치였다. 네모반듯한 세면대 대신 모서리 공간 형태에 맞추어 세면대를 따로 주문 제작해 공간 활용도를 높였다.

창호 안에 숨긴 거울
전신을 볼 수 있는 긴 거울은 방안에 놓기에는 부담스러운 아이템. 안방 가장자리 창호(두껍닫이) 안에 전신 거울을 숨겨 설치하는 아이디어가 돋보인다.

필요할 때만 여는 TV장
까만 대형 TV는 한옥과 어울리기 힘든 가전제품이다. 대청 벽 쪽에 수납장을 짜고 그 안에 TV를 넣어 고민을 해결했다. 사용할 때만 문을 연다.

부엌과 통하는 쪽창

누마루 아래로 부엌을 만들면서 부엌과 대청 사이에 작은 쪽창을 만들었다. 이는 전통 한옥에서 볼 수 있는 구조로, 부엌에서 만든 간단한 음식을 쪽창으로 건넬 수 있어 정겹고 편리하다.

각각 다른 멋을 자아내는 네 개의 창

가로로 긴 창을 내고 싶어 만든 누마루의 창에는 무려 네 종류의 창이 설치되어 있다. 방충망, 유리, 문살, 한지 등 각기 다른 소재를 사용한 창은 어떤 것을 달아놓느냐에 따라 다른 멋을 즐길 수 있다.

멋스럽게 가린 계량기

대문 왼편 담벼락에는 나무로 계량기 함을 짜서 설치했다. 계량기 함 옆 자투리 공간은 벽돌을 갈아 만든 '백수백복도'의 복福 자로 장식했다.

색다른 멋 살린 길

대문에서 안으로 들어가는 길만큼은 마음 설레고, 기대되는 공간으로 만들고 싶었다. 포방전을 각기 다른 모양으로 갈고 패턴처럼 배열해 멋을 살렸다.

부엌으로 사용하는 소미재 옆에 딸린 작은 방을 침실로 사용하고 있다.
방문을 열면 마당과 성우당이 보인다.

아소재 엄윤진 씨의 자연스럽게 살아가기

'살기' 위한 집,
스스로 충만해지는 삶

아소재我蘇齋. 주인은 왜 집 이름을 지으면서 '되살아날 소蘇'라는 글자를 썼을까. 아소재는 자신의 원래 모습 그대로 '다시 살고 싶다'라는 집주인 엄윤진 씨의 간절한 심정이 담긴 이름이지만, 어쩌면 '소생蘇生'은 우리 모두가 집을 통해 궁극적으로 얻고자 하는 것인지도 모른다. 가야산 자락에 자리 잡은 아름다운 한옥 아소재에서 '자연스럽게' 사는 법을 배우며 매일 '다시 살고' 있다는 엄윤진 씨의 시골살이는 집과 자연이라는 단어의 의미를 곱씹어보게 한다.

위 : 나를 살리는 집 '아소재'. 엄윤진 씨는 이 집에서 자연스러운 삶을 꿈꾼다.
아래 : 본채에 마련한 방. 단체 손님을 받거나 프로그램 진행을 할 때 사용한다. 그중 한 곳은 엄윤진 씨의 서재 공간.

아소재는 번듯한 대문이 없다. 입구에는 소박한 나무 현판만 걸려 있을 뿐이다. 심지어 도로에서 잘 보이지도 않아 처음 내려가면 입구 근처에서 한참을 두리번거리게 된다. 닫힌 듯 열려 있는 아소재의 입구로 들어서니 제법 수령이 되어 보이는 나무가 만드는 터널 저편으로 한옥이 살짝 자태를 드러낸다. 마치 어서 들어오라고 손짓을 하는 것 같다. 살다 보면 가끔은 '필연'이라는 단어를 떠올리는 순간이 찾아온다. 엄윤진 씨에게 아소재가 그랬다. 억수같이 비가 쏟아지던 날, 길을 헤매다가 우연히 해인사를 찾았고, 해인사에 들러 돌아가는 길에 5년이나 방치되어 있던 이 집을 만났다. 사람의 손길이 닿지 않아 집 둘레 가득 잡목과 풀이 웃자라 있던 집. "들어서는 순간, 가슴이 두근거렸어요. 집주인에게 전화로 이것저것 물어보고 집을 나서는데, 머릿속에서는 벌써 그 집 대청마루에 그동안 살던 아파트 짐을 내려놓고 있더라고요. 내가 그 집을 찾은 게 아니라 그 집이 나를 부른 것 같아요."

신선하게, 즐겁게 그것이 맛의 비결

발걸음을 옮겨 안으로 들어서니 맨드라미, 천일홍, 구절초 같은 식물들이 은근히 화려한 색을 뽐내며 시선을 사로잡는다. 아직 초록색 기운을 품고 있는 본채 앞마당에서는 고추가 햇빛 샤워를 하면서 반짝거리고, 부엌으로 사용하는 소미재 뒤에는 멋진 자태의 소나무가 병풍처럼 서 있다. 창고인 기어대장간 앞왕 버들나무 옆에는 잼을 만들기 위해 길 건너 과수원에서 가져온 햇사과가 바구니에 수북이 담겨 있고, 사람이 와도 짖지 않는다는 과묵한(?) 개 '레오'가 꼬리를 흔들며 손님을 물끄러미 쳐다본다. 대청마루를 등지고 앞을 보니 엄윤진 씨의 야심작인 연밭 아래로 황금빛으로 물들어가는 논이 펼쳐져 있다. 사방

난방이 잘되지 않는 한옥의 특성을 고려해 특별히 만든 방. 아궁이에 불을 지피면 나만을 위한
찜질방이 된다. 벽은 황토 벽돌을 사용했다. 이 집에서 가장 호사스러운 공간.

어디를 둘러봐도 고즈넉하고 평화로운 풍경이다.

본격적인 집 구경은 시작도 안 했는데, 집주인이 밥부터 먹으라고 성화다. 시간의 흔적이 자연스럽게 새겨진 커다란 나무 탁자 위에 투박한 그릇들이 하나둘 오르기 시작한다. 찬이 많은 것도 아니고, 조리법이 대단한 음식도 아닌데, 신기하게 입맛을 돋운다. "여기 오면 다들 이렇게 먹고 놀아요." 상 위에 오른 채소 반찬들은 푸드 마일리지(식품이 생산된 곳에서 식탁에 오르기까지의 이동 거리)가 대부분 몇 백 미터 이내다. 성주 5일장에서 사 온 것도 있고, 이웃들이 놓고 가는 것도 있고, 주변에서 자라는 것도 있고, 마음먹고 키우는 것도 있다.

"곰보배추, 머위, 매실, 차조기, 민들레, 질경이, 씀바귀, 원추리, 유채꽃… 우리 집에서 자라는 풀들은 대부분 먹을 수 있는 것이에요. 이곳에 내려온 이후로 손님이 와도 '뭘 해 먹나' 하는 걱정은 하지 않아요. 그냥 가까이에 있는 것을 식탁에 올리면 되지요. 예전에는 반찬 가짓수나 요리 솜씨 같은 게 신경이 많이 쓰였는데, 여기서는 신선한 제철 재료를 사용하는 것만으로도 맛있다는 소리를 들어요. 이젠 먹는 일도, 주방에서 하는 일도 어쩔 수 없이 해야 하는 일처럼 느껴지지가 않습니다. 즐거움이 떠나면 음식 맛이 없어지더라고요. 그걸 이 집에서 배웠어요." 아하, 그래서 이곳 이름이 '웃으며 맛을 내는 곳'이라는 의미의 소미재笑味齋로구나.

스스로 살기 위한 집을 만들어가다

남들처럼 "아니, 어쩌다가…"로 말문을 열었더니, 엄윤진 씨는 오랜 도시 생활을 접고 쉼을 바라보는 나이에 아무 연고도 없는 경북 성주로 덜컥 이사를 온 사연에 대해 이야기보따리를 풀어놓기 시작했다. 아소재에 처음 온 사람들은

위 : 성우당 게스트룸 내부.
아래 왼쪽 : 새집처럼 생긴 대문 옆 우편함.
아래 오른쪽 : 황토방을 장식하고 있는 소품들. 박스는 시골 장터에서 흔히 볼 수 있는 됫박으로
엄윤진 씨가 직접 옷칠을 해 아주 은은한 빛깔이 도는 멋진 수납공간을 완성했다.

"집이 멋있다"라는 칭찬으로부터 말문을 열지만, 결국은 "어떻게 살래, 뭐 먹고 살래, 무섭지 않냐"라는 질문을 던진 후에 "용감하시네요"라는 말로 끝을 맺는다고 한다. "잡초인지 나물인지 구별도 못 하는 도시 사람이 가족, 친구, 일터를 뒤로하고 시골에 내려가 살겠다고 결심하는 것이 결코 쉬운 일은 아니지요. 하지만 그때 개인적으로 상황이 그리 좋지 못했기 때문에 두려움보다 '다시 살고 싶다'라는 생각이 앞섰습니다. 몸도 마음도 지쳐버린 내가 나를 위해 할 수 있는 유일한 선택이었지요. 그런 생각이 들자 앞뒤 재지 않고 짐을 꾸렸습니다." 그렇게 과감하게 내려오긴 했지만, 한 번도 살아본 적 없는 덩치 큰 한옥이라는 특별한 공간에 적응하는 게 만만치 않았다. 애초에 살림집이 아닌 다목적 공간으로 사용하기 위해 지은 집이었기 때문에 일단 '살기 위한 공간'으로 만드는 것이 급선무였다. 무시무시하게 자란 풀과 나무 정리하기, '푸세식' 화장실 고치기, 주방 만들기, 전기 시설과 보일러 교체하기, 창호지 갈기, 대나무 울타리 만들기, 불편한 동선 개선을 위해 마루 달기 등. 비용 문제가 만만치 않다 보니 이 모든 것을 하나하나 아는 사람들과 친절한 이웃사촌의 도움을 받아 스스로 해결해나가기 시작했다.

"자고 먹고 씻고 볼일을 보는 데 필요한 최소의 것들만 준비하는 데도 상당한 기간이 필요했고, 집이라는 것을 마치 처음 가져본 사람처럼 시행착오도 많이 겪었어요." 대화 몇 마디로도 이곳에 뿌리내리기 위한 기초 작업이 얼마나 고되고 힘들었을지 상상이 가고도 남았다. 하지만 이웃들이 제초제를 뿌리라고 하는데도 이름 모를 아름다운 풀과 나무들을 꿋꿋하게 지켜낸 것, 아궁이가 달린 집주인 전용 황토방을 만들기 위해 만만치 않은 과정을 거쳐야 했던 일, 마을 어른들과 지난한 의사소통 과정을 겪고 나서야 비로소 작은 연못 위에 한 송이

성우당 게스트룸 안에서 본 소미재. 지붕 뒤로 보이는 소나무가 멋스럽다.
집 뒤로 도로가 나면서 소나무가 많이 뽑혔는데, 그 와중에 살아남은 것들이다.

연꽃을 피울 수 있었던 일 등은 생각할수록 흐뭇해진다며 엄윤진 씨 얼굴에 뿌듯한 미소가 번진다. 이곳으로 삶의 거처를 옮긴 지 3년째 접어들었지만, 아소재는 집주인의 삶을 제대로 담아내는 그릇이 되기 위해 지금도 조금씩 변화하고 있다. 아마도 아소재와 엄윤진 씨는 서로의 모습을 더 닮아가게 될 것이다.

"뭐, 그냥 사는 거죠. 자연스럽게, 즐겁게"
사는 건 그렇다 치고 밥벌이는 어떻게 할 것이냐는 질문에도 쿨한 대답이 돌아온다. "쟁여놓은 돈? 당연히 없죠. 돈은 없는 대신 시간을 쓰면서 살면 그럭저럭 살 수 있을 거라는 믿음이 있었어요."
그래서 엄윤진 씨가 생각한 것이 한옥 체험이었다. 처음에는 혼자 잠자는 게 무섭기도 했고 '심심한데 누가 오면 좋지 않을까' 라는 생각에서 출발한 아이디어였다. '별이 비처럼 쏟아지던' 날, 작은 방이 세 개 있는 한옥 한 채에 성우당星雨堂이라는 이름을 지었다. 그리고 예쁜 한지를 바르고, 난방 장치를 갖춘 후 손님을 받기 시작했다. 처음에는 지인들이 하나둘 내려와 머물고 갔는데, 지금은 조금 입소문이 나서 근처 해인사나 가야산을 방문하는 사람들이나 가족 단위의 방문객이 이곳에서 하룻밤을 묵고 가기도 한다. 출판사에서 일한 적도 있고 아이들 독서 지도를 한 경험을 살려 여름이면 초등학생을 위한 독서 캠프와 시골 체험 프로그램을 운영하기도 한다. 내년에는 창고로 쓰고 있는 '기어대장간'을 북 카페로 바꿔 좀 더 많은 사람이 이곳에 들러 놀고 쉬고 먹고 갈 수 있는 공간을 만들 계획도 있다.
엄윤진 씨는 이 집이 나를 살리듯 누군가를 소생시키는 공간, 누군가와 소통하는 공간이 되길 바란다. 그래서 지금도 끊임없이 뭔가 새로운 아이디어를 궁

위 왼쪽 : 길 건너 과수원에서 딴 사과로 잼을 만들어 10월의 '뭘까 바구니'에 넣었다.
위 오른쪽 : 직접 만든 천연 화장품. 천연 모기약과 버물리 연고, 립밤은 아주 인기가 좋다.
아래 : 엄윤진 씨가 손님들이 오면 주로 차리는 자연 밥상.
그때그때 주변에서 구할 수 있는 신선한 식재료를 이용한다.

리하며 산다. 성주에 내려와서 만난 토박이 시인과 의기투합해 성주의 농산물과 자신의 텃밭에서 키운 건강한 먹을거리를 '가야산 아소재 수미재의 텃밭'이라는 이름으로 도시에 배송하는 일도 했고, 머위 데이, 창포 데이, 연잎 데이 등 계절에 맞는 이벤트를 한 달에 한 번 진행하기도 한다.

특히 '뭘까 바구니'는 아소재의 히트 상품이다. 아소재에서는 한 달에 한 번 먹을거리나 소품을 넣은 선물 바구니를 회원에게 발송하는데, 연회원이 되면 1년 동안 매달 뭐가 들어 있을까 궁금해하며 '뭘까 바구니'를 받게 된다. "사실 이익이 남는 일은 아니에요. 근데 바구니를 받는 사람들이 적어도 한 달에 한 번은 아소재와 나랑 연결된다고 생각하면 엄청 신바람 나는 일이지요."

혼자서 무섭고 외로울 것 같은데, 엄윤진 씨는 오히려 이곳에서 함께하는 즐거움이 뭔지 매일 깨닫는다고 말한다. 먼 곳에 있어도 아소재라는 공간을 통해 이어져 있다고 느끼게 하고 싶고, 이곳에 오면 늘 편안한 느낌, 쉬고 있다는 느낌을 받게 하고 싶은 것이 그의 소망이다. 실질적으로 도움을 주고받고 의지가 되는 주변 농가의 어른들도 이곳에서 만난 새로운 소중한 사람들이다. "저는 참 운이 좋은 사람 같아요. 자연이 제공한 선물을 살짝 빌려 제공하는 것뿐인데 사람들이 이곳을 좋아해주니까요. 비누·스킨·샴푸·모기약까지도 만들어 쓰는 반자급자족 생활을 하고, 계속 몸을 부지런히 놀려야 하는 노동 집약적인 환경이지만 이 집과 함께 나이를 먹어간다는 것이 그렇게 행복할 수가 없어요."

손수 덖어 만든 연잎차와 신선한 잼을 얹은 쿠키 한 조각을 간식으로 먹고, 숯불에 구운 돼지고기에 성주에서만 맛볼 수 있는 막걸리까지 곁들인 성대한 저녁 식사를 했더니 바람 빠진 풍선이 다시 빵빵해지는 것처럼 '소생'한 듯하다. "때가 되면 일하고, 때가 되면 놀고 그런 거죠." 해가 뜨고 지고, 계절이 바뀌는 것처럼 아주 일상적인 삶이 물처럼 자연스럽게 흘러가는 것. 사람을 만나는 것도, 먹는 것도, 일하는 것도, 무엇을 해도 기꺼이 하려는 마음이 드는 것. 이 집은 그런 '자연스러운' 삶을 꿈꾸게 한다.

취운정 본채와 별채 사이로 보이는 대문.
대문 옆 샛길을 따라가면 후원에 딸린 또 하나의 대문이 나온다.

부티크 한옥 호텔 취운정

흙을 밟고 사색하는 여유,
은둔하듯 기거하는 묘미

굽이굽이 돌아가는 기와 능선을 따라 당도한 곳. 여느 이웃집과 다를 바 없는 한옥 대문이 열리고 마당에 발을 내디디자 구두 굽이 흙 속으로 쏙 빨려 들어간다. 짐짓 놀라 발을 빼려는 순간, 그러나 시선은 이미 날렵한 기와지붕, 그 아래 홀연히 서 있는 능소화가 빚어내는 고졸한 그림 한 폭에 홀려버렸다. 과연 이곳이 서울, 그것도 부티크 호텔의 풍경이라니!

취운정 본채 대청마루는 창호 문을 통해 둘로 나뉜다. 창호 문을 닫으면 이곳은 독립 객실이 되고 손님이 없으면 개방, 로비 라운지처럼 사용한다. 가구와 소품은 모두 취운정 주인장 이숙희 씨가 모은 앤티크다.

바야흐로 한류 바람을 타고 주거 문화의 꽃으로 떠오른 한옥. 한눈에 봐도 전통 그 자체인 한옥은 이제 더 이상 설명이 필요 없는 한국 문화 자체라 해도 과언이 아니다. 하지만 보기에 좋고 살기에 힘든 것이 한옥이라는 점은 살아본 이만 아는 은밀한 내막이다. 그래서 요즘 우리에게 한옥은 어쩌면 주거 문화로 누리기보다 애써 보전해야 할 상징적 존재로 자리 잡고 있는지 모를 일이다. 일례로 몇 해 전 북촌한옥마을의 이국적 풍경에 도취된 어느 대사 부인이 한옥에 살고 싶어 집을 알아봤지만, 생활인으로서 한옥의 한계를 접한 후 그가 선택한 것은 창밖으로 한옥 지붕이 산처럼 둘려져 있는 전망 좋은 단독주택이었으니 말이다.

하루를 지내도 한국의 정서를 알 수 있는 곳

한국에 살고 있는 한국인이지만, 한옥의 생활 문화를 체득한 사람이 과연 얼마나 될까? 이런 의미에서 한옥을 체험하고 싶어 하는 '수요'가 늘어나는 것은 반가운 일이지만, 반면 이에 대한 공급이 얼마나 제대로 이뤄지고 있는지 진지하게 고민해야 할 때이다. 그런데 때마침 반갑게도 이에 대한 새로운 해답을 제시한 곳이 생겼다는 소식이 들려왔다. 서울 가회동 31번지, 한옥이 밀집한 언덕에 자리한 여염집중 두 채가 한뜻을 모아 부티크 한옥 호텔로 탈바꿈했다니, 정말 흥미로운 일이 아닐 수 없다. 게다가 이 재미있는 호텔에 또 하나의 드라마가 더해져 있으니, 바로 그곳은 대통령을 배출한 명당이라는 사실이다.

한국에서 나고 자란 사람들 눈에도 이 집이 저 집 같고, 저 집이 이 집 같은 북촌의 한옥. 어느 하나 저 잘났다 나서기보다는 겸손한 자태를 유지하며 어우러진 풍경이 매력적인 이곳에 새롭게 탄생한 부티크 한옥 호텔, 취운정翠雲亭.

언덕 정점에 자리한 덕분에 취운정 안에서 보이는 풍경은 한옥 지붕들이 이루는 아름다운 능선뿐이다.
전통미를 제대로 살리기 위해 마당에는 흙을 깔았다.

'취운정'이라고 쓴 파란색 현판'이 걸린 한옥을 찾으라는 사전 정보가 없었다면 그냥 지나칠 수밖에 없는 한옥 그 자체인 이곳은 한마디로 왜곡과 과장 없는 한국의 현재 한옥 문화를 고스란히 체험할 수 있는 곳이다.

"물론 대대적인 레노베이션을 피할 수는 없었지요. 대청마루까지 온돌을 깔고, 천장에는 에어컨을 설치했고, 각 방마다 욕실도 마련했죠. 하지만 이는 숙박을 위한 기본 서비스이기에 한옥이라고 예외일 수 없는 부분이었어요. 대신 한옥에서 누리는 정서는 지금 서울에서 한옥에 사는 사람들보다 더 원시적인(?) 수준으로 전통 그 자체를 존중했습니다." 취운정은 인사동에서 20여 년간 고급 한정식 전문점 '두레'를 운영해온 이숙희 씨가 지난 10년간 차근차근 준비하고 다부지게 꿈꿔온 한옥 부티크 호텔이다. 음식만으로는 한국의 문화와 정서를 온전히 전달할 수 없다는 것을 몸소 깨달은 터라 그에게 한옥 호텔을 운영하는 의미는 남달랐다. "일례로 일본 료칸에서 하룻밤만 묵어도 그 나라의 최고 생활 문화가 무엇인지 온몸으로 깨닫게 되잖아요. 같은 바람으로 한옥 부티크 호텔을 생각했습니다."

댓잎 사이로 부는 바람 소리, 발자국을 따라 나는 흙 소리

두 개의 대문, 두 개의 마당 그리고 두 개의 별당을 포함해 세 채로 구성된 취운정. 개인 집이라면 구중구궐이지만 다섯 개의 객실을 갖춘 부티크 호텔로서는 아담하니 아늑한 규모다. 그리고 이렇듯 소수만 누릴 수 있는 호텔이기에 주인장 이숙희 씨는 용기를 내어 진짜 '전통 한옥'에서 맛볼 수 있는 생활 문화를 고스란히 반영하기로 결심했단다. 그중 대표적인 것이 흙 마당. 취운정을 찾은 오전 10시, 호텔 매니저가 방문객에게 먼저 양해를 구한 것은 마당을 쓸

위 : 본채 대청마루는 취운정 호텔의 로비와 라운지를 겸한다. 우물정자로 깐 전통 마루는 온돌이 깔려 있어 한겨울에도 걱정 없단다. 원래 한옥대로라면 겨울에 마루 위에 앉는다는 건 불가능한 일이니 말이다.
아래 : 일본 고급 료칸에는 전통 가구가 없는 반면, 취운정에는 주인장이 오랫동안 모아 온 고급 전통 가구가 자리한다는 사실. 백자에 꽂은 꽃은 이숙희 대표가 직접 연출한 것이다.

고 물을 뿌려야 한다는 것이다. 흔히 아침 시간 대부분의 호텔에서 이뤄지는 '하우스 키핑'의 한 부분이라 무심코 지나칠 법한 상황이다. 그런데 문득 돌이켜보니 이는 도심형 한옥에서 쉽게 볼 수 있는 풍경이 아니었다. "원래 한옥 마당은 정원도 없는 흙바닥 그 자체죠. 그래서 예전 한옥에서는 아침이면 물을 뿌려 먼지를 가라앉히는 것으로 하루를 시작했습니다."

물을 뿌리기 전, 잠시 마당을 거닐어봤다. 처음 대문에 들어섰을 때 구두 굽이 폭 빠지던 순간의 당황했던 기색은 이제 마당 안에서 왠지 모를 부끄러움으로 바뀌었다. 빗자루로 곱게 쓸어놓은 흙 마당 위에 얄미울 만큼 콕콕 찍어놓은 구멍들이 바로 내 족적이라니. 그래서일까, 나도 모르게 슬그머니 댓돌에 놓인 흰색 고무신에 손을 뻗는다. 뾰족구두보다는 편편한 고무신을 신어도 좋은 곳. 편안한 신발을 신고 흙바닥 위를 유유자적 거닐다 보니 어느새 귓가에는 옮기는 걸음마다 사각이는 돌 조각 소리가 경쾌한 리듬이 되고, 담장을 따라 늘어선 대나무 사이를 걸을 때는 미사여구로만 알던 사랑방 창 너머 댓잎 소리가 청아하게 들려왔다.

"밖에 관광객이 많이 오가지만 차 소리, 사람 소리 하나 들리지 않을 만큼 고요하죠. 한옥의 신비로움이 바로 이런 게 아닐까 싶어요." 마치 요새, 아니 세상과 단절된 듯 은둔처 같은 이 한옥 호텔은 그래서 마지막 순간까지 고민하던 텔레비전 설치를 과감하게 포기했단다. 물론 무선인터넷은 가능하지만, 굳이 이런 호젓한 곳에서 번잡한 세상만사를 볼 필요가 있을까. 대신 호텔 곳곳에는 평안한 국악의 선율이 공기처럼 흐르게끔 오디오, 스피커 장치를 은밀히 설치했을 뿐이다. 그리고 정말 신기한 점은 이마저도 한옥에 존재하는 자연의 소리를 방해하지 않는다는 것이다.

위 : 도공이 깬 도자기 파편을 떠올리게 하는 도자기 타일로 연출한 욕실.
도예가 김대훈 씨가 제작한 작품이다.
아래 왼쪽 : 안방에 딸린 안채. 한지로 마감한 옷장 문에도 수묵화 장식을 더했다
아래 오른쪽 : 별채의 안방. 텅 빈 무중력 같은 공간, 쪽창 너머 중원의 풍경이 마음을 평안하게 만든다.

취향과 역사가 담긴 한국의 고품격 주거 문화

마당을 빼고 논할 수 없는 것이 한옥의 참의미일진대, 이를 충실히 반영한 취운정. 그렇다면 과연 그곳의 내부는 어떤 모습일까?

"아무래도 호텔로 개조하다 보니 공간 구성상 바꿔야 할 것이 많았죠. 각 방에 욕실을 만드는 것도 그렇거니와 방과 방 사이의 독립성도 보장해야 했죠." 이숙희 씨가 이곳을 호텔로 만들기 위해 가장 고심한 것 중 하나가 바로 공간 분리. 한옥의 본질이 소통과 순환이라는 면에서 개방적인 구조일 수밖에 없는데, 이를 프라이빗한 공간으로 전환하는 것은 당연히 난제였다. 하지만 이는 한옥 호텔을 지어본 건축가 조정구 씨가 재치 있게 해결했다. 이미 한옥에 존재한 문을 적극 활용한 것. 각 공간은 가능한 한 사방을 문으로 만들었는데, 이 문은 접히거나 벽면 속으로 삽입되고, 또 위로 들어 올려 천장에 고정하면 탁 트인 개방형 공간이 되고 닫으면 독립된 별채가 되기도 한다.

한편 취운정의 내부는 전통 한옥의 모습을 유지하지만 그보다 감각적이다. 어느 부분에서는 박물관을 방문한 듯 고색창연한 가구와 도자기가 운치 있게 조화를 이루고, 다른 곳에서는 현대적으로 재해석한 한국 전통문화의 멋이 도도하게 펼쳐져 있다.

"틈틈이 모은 골동품과 무형문화재 작품 그리고 패브릭 디자이너와 도예가의 협업을 통해 한국 주거 문화의 품격을 제대로 담은 공간을 연출했습니다. 많은 사람이 비싼 대가를 지불하고 부티크 호텔에 가는 것은 그 나라의 고급 주거 문화를 경험하고 싶은 바람이라는 걸 생각하니 어느 하나 소홀히 할 수 없었죠." 이숙희 씨는 한옥 곳곳에 손수 꽃꽂이한 화병을 올려놓고, 벽장 창호문에는 엽서 크기의 민화를 붙여 장식했다. 또 욕실은 도예가 김대훈 씨가 만든 분청

위 왼쪽 : 본채에 자리한 대청방 객실. 이 호텔에서 가장 아름다운 전망을 가진 곳으로 천장의 서까래를 중심으로 왼쪽 창으로는 마당과 꽃담, 한옥 지붕이, 오른쪽 창으로는 마천루가 기막히게 펼쳐진다.
위 오른쪽 : 텅 빈 듯한 방 안에 창호 문을 열면 이렇듯 미니 바가 갖춰져 있다.
아래 왼쪽 : 본채 대청방에서 안방으로 향하는 복도. 개방형 한옥 구조를 독립형으로도 사용할 수 있는 것은 벽면이 모두 문으로 되어 있기 때문이다. 접혀 있는 문을 닫으면 방 자체가 별채가 된다.
아래 오른쪽 : 쪽마루 옆 벽면에 숨겨진 신발장. 슬리퍼 대신 고무신이 마련되어 있다.

사기 타일을 붙이는 등 모든 공간에서 한국의 정서, 고급 주거 문화를 체험할 수 있게 했다. 그리고 이 아름다운 정취 속에서 대청마루에 앉아 아름다운 전통 찻상을 받고, 저녁이면 기품 있는 한정식 식사를 하며 때로는 휘영청 둥근 달 아래 국악 공연까지 즐길 수 있으니 이처럼 오감 만족 한옥 생활이 또 있으랴. 물론 이 중 몇몇 가지는 '최고의 서비스'를 추구하는 부티크 호텔이기에 가능할 테지만, 취운정의 탄생이 반갑고도 고마운 것은 잊히거나 변형되기 십상인 한옥과 전통 주거 문화를 다시 한 번 정리해 초석을 세웠다는 점이다.

취운정에서 배우는 한식 인테리어 노하우

소반은 화병이나 화분 받침으로 활용한다
취운정의 객실 창가나 입구에서 눈에 띄는 것 중 하나가 바로 소반을 활용한 화병 및 화분 받침이다. 소반의 모양과 빛깔에 따라 어울리는 화기를 올리고 여기에 계절에 맞는 꽃꽂이를 하면 그 모든 것이 한옥을 돋보이게 하는 자연스러운 오브제가 된다.

한지로 마감한 수납장과 민화 포인트 장식

취운정의 수납 가구는 모두 붙박이장으로 구성하고 그 문짝은 모두 한지로 마감해 벽면처럼 연출한 것이 특징. 따라서 한옥의 열린 공간과 자연스러운 운치를 효과적으로 표현했다. 한편 한지로 마감한 벽면과 수납장은 자칫 지루하게 느껴질 수 있고, 수납장이 눈에 잘 띄지 않을 수 있음을 감안해 수납장 표면에 수묵화나 민화로 장식했다. 수납장 표면과 같은 재질의 한지에 그린 엽서 크기의 민화를 일정 간격을 두고 리듬감 있게 붙이면 문짝 자체가 그림 액자가 되는 효과를 누릴 수 있다.

병풍을 옷장 문으로 재활용한다

이명박 전 대통령이 사용하던 본채 안방 객실은 창문 중심인 구조로 개조한 가운데, 벽면 옷장 문짝인 화려한 민화도가 눈길을 끈다. 이 모란도 옷장 문은 원래 병풍으로 사용하던 것으로, 방 안에 붙박이장을 만들면서 문으로 재활용한 것. 으레 한식 공간 벽면에 병풍을 쳤던 걸 떠올리면, 이처럼 실용적인 문으로 연출해 병풍이 차지하던 자리를 절감하는 것도 좋은 아이디어다.

이재천 간사의 큰아들 이정우 군. 아빠를 따라 대들보 거미줄 청소에 열심이다.

아름지기에서 지은 경남 함양한옥

전통과 현대,
한옥에서 어우러지다

한옥은 불편하고, 낡고, 고루하다. 현대 도시인에게 허름하게만 느껴지던 한옥이 살고 싶은 '명품 한옥'이라면 어떨까. 최근 10여 년간 갑작스레 불어닥친 한옥 붐은 자연 친화적이라서, 웰빙형 주거 공간이라서, 혹은 우리 것에 대한 가치를 재발견한 데서 이유를 찾는다. 여기에 덧붙이자면 '이렇게 편하고 세련될 수 있구나'라는 한옥 공간이 생겼기 때문이 아닐까. 해외 관광객을 타깃으로 한 고급 한옥이 점차 늘면서 쾌적한 환경과 호텔식 서비스까지 제공하고 있다. 현대적으로 개조해 한옥 호텔의 바로미터가 되고 있는 경남의 아름지기 함양한옥을 찾았다.

아름지기 함양한옥의 정체성은 바로 전통과 현대의 완벽한 조우에 있다.
채의 배치를 그대로 살리고 자연을 집안으로 끌어들이는 노력을 곳곳에 시도했다. 반면 시스템 창호를
사용해 단열에 신경쓰고 쾌적한 욕실사용을 위한 배려를 하는 등 고급 호텔형 한옥의 바로미터가 됐다.

아름지기 함양한옥은 경남 함양군 서하면 봉전리의 전형적인 향촌鄕村 양반 가옥이다. 정선旌善 전씨全氏 가문의 7대손 전재학이 구한말인 1866년에 지은 집으로, 안채와 사랑채 등 다섯 동의 기와집으로 이뤄져 있다. 2006년 후손이 한옥을 관리하기 힘들어 재단법인 아름지기에 기부한 이후 재단법인 아름지기는 개관을 위한 증축 과정에서 전문가들의 자문을 거쳤지만 기본적인 건물 배치는 손대지 않았다. 선조들이 처음 집을 지을 당시의 의도를 훼손하지 않기 위해서였다고. 그 결과 아름지기 함양한옥은 그렇게 전통이라는 씨줄과 현대라는 날줄이 촘촘히 엮인 지금의 모습으로 재탄생했다.

한옥의 현대화, 아름지기 함양한옥

장영석 아름지기 사무국장이 이곳의 개·보수를 맡았을 당시 내세운 가장 큰 화두는 '한옥의 현대화'였다. 일본의 료칸처럼 '고급스러운 한옥'을 아름지기 함양한옥의 전략으로 삼았다. 이를 위해 가장 먼저 개선한 것은 외국인이 한옥을 찾을 때 가장 불편해하는 화장실과 샤워 시설이었다. 각 채마다 쾌적한 화장실과 현대식 식당, 목욕 시설을 갖췄다. 전통 한옥의 정체성은 지키되 잠자고, 씻고, 먹는 시설은 고급 호텔급으로 격상한 것이다. 아름지기 함양한옥의 세심한 배려와 서비스는 집사 역할을 도맡고 있는 이재천 간사의 공이 크다. 이 간사는 먼저 집의 내력을 설명하고 허브 웰컴 티를 내는 것으로 손님을 맞는다. 여행객이 여장을 풀고 식당에서 조리장이 준비한 저녁을 즐기는 동안 욕조에 목욕물을 받아놓는다. 그리고 손님이 혹여 볼세라 뒤쪽 복도로 이불을 옮겨 이부자리도 깔아놓는다. 이 간사는 "손님들이 신경 쓰지 않도록 모든 서비스를 되도록 눈에 띄지 않게 한다"면서 "최대한의 서비스를 제공하지만 한옥의

위 : 안채 뒤편에는 본디 한옥에는 없는 복도 구조가 있는데 전면이 통유리창이라
대숲을 산책하는 듯한 기분을 느낄 수 있다.
아래 왼쪽 : 검정 타일로 마감한 현대적 욕실에 낮은 창을 내
외부의 자연 경치를 감상하고 빛이 들어올 수 있도록 했다.
아래 오른쪽 : 놋세숫대야가 놓인 수돗가가 정겹다.

멋과 운치를 즐기는 것은 온전히 손님의 몫"이라는 설명을 덧붙였다. 한옥의 특성상 방의 낮은 천장은 서 있는 사람을 엉거주춤하게 만든다. 하지만 아랫목에 앉으면 흡사 어머니의 품에 안긴 듯 편안함이 밀려온다. 비교적 좁은 공간이 되레 가족과 대화할 기회를 더 많이 만들어 주는 것이다. 아파트에서는 쉽사리 맛보기 힘든 유대감을 발견할 수 있는 셈이다. 각 채와 채가 모여 형성되는 '울타리 의식'은 한옥이 현대인에게 선사하는 선물이다.

여름에는 바람을, 겨울에는 햇볕을 들인다
'조선시대' 한옥은 현대의 주거지로서는 실패했다. 그렇다면 어떻게 해야 한옥의 고유한 특성은 살리면서 그 가치를 계승해 현대화할 수 있을까. 단순히 춘양목春陽木(경북 봉화군 춘양면과 소천면 일대에서 나는 소나무로, 목재의 질이 우수해 한옥 건축재에 쓴다)으로 집을 짓는 것보다 중요한 것은 한옥의 정신과 가치를 담는 것이다. 장영석 사무국장은 한옥의 아름다움, 미를 발견하려면 무엇보다 한옥의 문화 자체를 이해하는 일이 필요하다고 말한다.
"사실 한옥은 외관만 봐서는 건축적 의미를 헤아리기 힘듭니다. 누구든 먼저 경험해봐야만 알 수 있지요." 아름지기 함양한옥은 그 이름처럼 감각적인 집이다. 대문을 지나 돌담을 돌아서면 너른 빈 마당에 떨어진 처마 그림자의 조형미에 시선이 머문다. 후원의 대숲에 이는 바람 소리에 귀가 열리고, 고재의 향기가 묵향처럼 은은하게 감돈다. 그리고 뒷산을 배경 삼아 야트막하게 엎드려 있는 제 형상처럼 사람을 포근히 품어 마침내 생채기 난 마음을 도닥여주는 듯하다. 안을 들여다보니 창호窓戶 하나 내는 데도 집 안을 통하는 바람길을 염두에 뒀다. 대청을 만들어 여름에는 바람을, 겨울엔 햇볕을 받아들인다. 또

자연에 파묻힌 함양한옥의 사위가 어둑어둑해지면 사랑채의 불빛이 온기로 차오른다.

아름지기 함양한옥의 모든 창호는 열면 바로 '자연을 담은 액자'가 된다. "천인합일天人合一과 물아일체物我一體라는 도교의 기본 정신은 유교에서도 그대로 통용되는 핵심"이라던 도올 김용옥 선생의 지적은 이곳에서도 확인할 수 있다. 자연과 인간은 우주의 일부라는 측면에서 원래 하나이고, 그 때문에 선인들은 자연을 집 안으로 들여 즐기고 소통하려 했다. 아름지기 함양한옥의 누마루에 앉으면 집 안이기도 하고, 수려한 풍경의 숲 속이기도 하다. 안채 건넌방의 창을 열어젖히면 매화나무 위에 내려앉은 산새가 지저귄다. 후원을 향해 난 통창을 열면 큼지막한 대숲 풍경이 펼쳐진다. 이곳을 찾은 이들은 처음에는 주변 관광 명소를 묻지만 막상 방에 짐을 풀고 나면 밖으로 한 발짝도 내딛지 않는다. 안에서 즐길 수 있는 자연과 풍류가 차고 넘치기 때문이다.

장영석 사무국장이 말하는 함양한옥의 가장 큰 멋은 이처럼 한옥이 가진 전통을 창조적으로 계승한 점이라고 강조한다. 주변의 지세를 최대한 살리기 위해 함양한옥을 복원할 때에도 이곳저곳에 흩어져 있던 널찍한 너럭바위를 옮기지 않고 그대로 그 자리에 두었다. 최근에는 세 식구가 책 스무 권을 싸들고 와서 한 명이 한 채씩 차지하고 들어앉아 책장을 넘기며 고즈넉한 휴가를 보내기도 했단다. 아름지기 함양한옥에 올 때 꼭 챙겨야 할 것은 일상에 바짝 조여진 마음과 머릿속 태엽을 풀어줄 열쇠 하나면 충분하지 않을까. 누마루를 지나는 바람과 처마의 부드러운 곡선, 밤이 되면 사랑채에서 두런두런 나누는 담소가 그 빈자리를 채워줄 것이다.

우리 집에도 들이고 싶다, 한옥의 美

간접조명이 되는 창호

창호지 바른 문으로 새어 들어오는 빛은 방 안에 은은한 정감 어린 분위기를 준다. 한옥의 문에는 창호지라는 반투명 재료를 사용한다. 자연히 빛이 잘 들고 문을 닫아도 방 안의 조도가 높아진다. 달이 차오르는 밤엔 그 작은 창호로 달빛까지 쏟아져 내리면 이만한 간접조명이 없다. 미세하게 바람이 통하니 방 안 습도가 조절되는 것은 물론이다.

한옥의 일부를 집에 들이다

한옥은 나무, 돌, 흙, 종이로 짓는 집이다. 아파트에 살더라도 이런 자연 소재를 다양하게 활용하면 한옥의 정신적 여유를 즐길 수 있다. 천연 한지 벽지로 방을 도배한다거나 요철 한지를 발라 포인트 아트월을 만드는 건 어떨까. 거실을 넓게 쓴다며 베란다를 확장하는 대신 그 공간에 식물을 키워 집 안에 작은 마당을 만드는 것도 좋다. 대청마루 느낌이 나도록 원목 패널을 깔면, 대청마루에 나앉아 자연을 집 안으로 끌어들인 선인들의 풍류를 즐길 수 있다.

마당을 비워 관계를 맺다

한옥 마당을 떠올려보면 항상 비어 있다. 어디에서도 물건이나 수목으로 빽빽이 채워져 있는 것을 보지 못했다. 그 옛날 조선시대 양반집의 마당은 넓을수록 명망이 높다 했는데, 그 이유는 그 마당에서 많은 객客을 받기 위해 잔치나 명절 준비, 음식 손질을 해야 했기 때문이다. 그런 특별한 일이 아니고서는 한옥의 마당은 항상 비어 있었다. 비워두다 보니 자연히 여백의 미학이 생기고, 이는 숨을 돌릴 수 있는 여지를 제공한다. 공간 생태학을 하는 이는 "마당을 비워두니 뜨거운 공기는 자연스레 하늘로 올라가고 뒷산의 정기는 아래로 내려와 순환한다"고 말한다.

전통 창호, 우물마루 만들기

안방이나 서재 등 집의 한 공간을 다실이나 한옥 공간으로 꾸미는 것도 좋은 방법. 안방 창문을 문살이나 꽃무늬를 새겨 만든 꽃살문 등의 전통 창호로 마감하면 실내 분위기가 확연히 달라진다. 거실 한쪽에 단을 올리고 우물마루를 깔아 툇마루 느낌을 살려도 한옥의 정취를 집 안에서 만끽할 수 있다.

길게 이어지는 회랑은 궁궐과 같은 이미지를 연출하는 한 요소.
회랑을 따라 각 객실의 대문이 연속해 있다.

최초의 한옥 호텔, 경주 라궁

임금이 된 듯 누리는
하룻밤 호사

라궁은 한옥의 정취는 그대로 간직하면서 현대적인 호텔의 서비스를 접목해 쾌적한 휴식 시간을 선사한다. 누마루에서 산과 물과 하늘이 만들어내는 풍경을 즐기고 궁궐 같은 회랑과 호수를 산책하며 창밖으로 하루의 빛이 변하는 것을 감상하다 보면 도시의 속도에 지친 마음이 어느덧 차분해지고 풍요로워진다. 그 옛날 임금이 부럽지 않은 하룻밤의 호사다.

위 : 1백7명의 목수와 16명의 석공이 동원되어 완성한 라궁. 정면에 보이는 것은 2층짜리 관리동 건물이며, 왼쪽 둔덕에 자리 잡은 건물은 오래된 한옥인 숙재헌.

아래 : 현대적인 공법을 적용한 라궁은 독일산 적송, 러시아산 적송, 북미산 미송 등 수입 목재를 사용하고, 스웨덴에서 발명한 기포 콘크리트 ALC를 벽체에 사용하는 등 재료에서도 한결 자유로워졌다.

한옥 호텔 라궁이 경주에 문을 연 건 2007년. 집에 관심이 있는 사람이라면 한 번쯤 선망하게 되는 것이 바로 한옥. 그러나 내 집으로 갖기에는 현실적인 장애물이 만만치 않다. 이에 논산 윤중선생고택, 경북 송소고택, 전주한옥마을 등 숙박이 가능한 한옥들이 짧게나마 한옥의 정취를 체험해볼 수 있는 대안이었다. 일반인에게 개방한 이 같은 한옥이 이미 존재하고 있음에도 불구하고 한옥 호텔 '라궁'의 출현이 유달리 반가운 이유는, 라궁이 전통 한옥을 재현하는 데 그치지 않고 가장 현대적인 기능을 담고 있는 공간 중 하나인 호텔로 탄생했다는 점 때문이다. 과거를 체험하는 곳이 아니라 현재에 맞게 과거를 재해석, 새롭게 진화한 공간이라는 데에 큰 의미가 있다.

현대적 기능을 담은 전통 한옥, 라궁

라궁羅宮은 '신라의 궁궐'이라는 의미. 경주 보문단지에 대대적으로 문을 연 역사 테마파크인 '신라밀레니엄파크'의 한 부분으로 지어졌다. 총 5만여 평 부지에 세워진 신라밀레니엄파크 중 호텔 라궁의 대지면적은 약 5천 평, 호텔 건물이 들어선 땅은 5백여 평이다. 콩코드호텔을 통해 이미 호텔 사업에 일가견이 있는 삼부토건이 기획하고, 도시 한옥 잘 짓기로 유명한 구가도시건축의 조정구 소장이 설계했으며, 한옥의 현대화를 위해 꾸준한 실험을 시도하는 이연건축이 시공을 맡아 완성했다.

신라 천년고도의 역사를 간직한 경주에 위엄 있게 들어선 한옥 호텔 라궁은 서양식 호텔처럼 요란스러운 장식도, 최첨단 호텔처럼 이색적인 볼거리도 없지만 오히려 그렇기에 더욱 매력적이다. 주변으로 낮은 산이 건물을 포근하게 휘둘러 감싸고 있는데, 창밖으로 보이는 풍경이 절경이라고 할 수는 없을지라도 한

위 왼쪽 : 누마루에 옥외 온천이 있는 스위트룸.
위 오른쪽 : 레스토랑 창밖으로 라궁의 운치 있는 전경이 펼쳐진다.
아래 왼쪽 : 신라시대 한복을 입은 직원의 안내로 체크인과 안내 절차를 거치게 된다.
한옥이 호텔이라는 현대적인 기능을 담았다는 점에서 라궁의 시도는 의미가 있다.
금장식이 되어 있는 라궁 특유의 전통 가구가 관리동 곳곳에 놓여 있다.
아래 오른쪽 : 관리동 2층의 한식 레스토랑.

옥 특유의 운치를 느끼기에는 충분하다.

라궁 내 객실은 총 16개. 길게 이어지는 지붕을 공유한 채 독립된 각 객실이 회랑을 따라 이어진다. 가운데 마당을 중심으로 ㄴ자로 객실이 연속해 있으며 로비가 있는 관리동과 함께 ㄷ자를 구성, 뒤쪽 산으로 이어지며 빙 둘러싸인 ㅁ자형을 구성한다. "라궁은 굉장히 큰 한옥이지만 객실은 도시형 한옥 구조를 적용, 총 네 가지 유형이 등장합니다. 앞쪽 호수로 돌출된 누마루형, ㄷ자형을 기본으로 하는 마당형, 그리고 스위트룸 두 가지 유형입니다. 이렇게 한 이유는 보다 경제적인 시스템을 도입하는 과정에서 도시 한옥을 떠올렸기 때문입니다. 건물의 규모는 크지만 그것을 엮는 유형은 단순화했다는 것이 구가도시건축 조정구 소장의 설명. 덕분에 라궁은 치목治木, 시공, 조립을 모듈화하여 1백일이라는 짧은 공사 기간을 가능케 했다. 한옥의 현대적인 공간 성격은 물론 그 공법에서도 혁신을 이룬 셈이다.

호텔다운 위엄을 보여주는 한옥 로비

라궁에 도착하면 제일 먼저 들르게 되는 곳이 바로 관리동. 로비, 리셉션 데스크, 레스토랑이 있는 관리동은 호텔의 공적인 인상을 결정하는 공간인 만큼 그에 어울리는 화려함을 보여준다. 가장 큰 역할을 하는 것은 2층에 달하는 높이를 그대로 터놓은 시원스러운 천장. 높은 서까래 천장과 이를 받치고 있는 육중한 대들보는 '궁'이라는 이름이 무색하지 않을 만큼 위엄과 기품을 보여준다. 그 아래로 설치미술 작품처럼 걸려 있는 거대한 한지 조명등도 특별한 멋을 더해주는 요소. 이는 공예작가 차현림 씨의 작품으로, 마치 물결치는 파도처럼 곡선을 그리는 조명등과 대형 노리개와 함께 매달린 원기둥형 조명등이 전

위·아래 : ㅁ자형 구조인 관리동 가운데에 있는 중정. 관리동 1층과 2층 어디에서나 창을 통해 이를 바라볼 수 있다. 기품 있는 나무는 기와와 하늘을 배경으로 드라마틱한 오브제 역할을 톡톡히 한다. 한옥 호텔은 으리으리한 서양식 호텔에서는 불가능한 기품과 운치, 여백을 보여준다.

통의 미감을 현대적으로 변주해 색다른 멋을 전한다.

중정에 기품 있는 자태로 서 있는 나무 한 그루도 시선을 사로잡는다. 중정의 바닥은 얕은 수면으로 연출했는데, 그 가운데에 잘생긴 단풍나무 한 그루가 열린 하늘을 향해 가지를 뻗고 서 있다. ㅁ자형 구조인 관리동 한옥은 어느 공간에서나 창을 통해 이 중정을 감상할 수 있도록 설계했다. 이로써 나무는 하나의 오브제가 되어 어디서 보느냐에 따라 각기 다른 그림을 연출한다. 어느 유럽풍 호텔의 조각 작품 못지않은 훌륭한 볼거리를 제공하는 셈. 1층이 중정을 중심으로 사방을 돌아 리셉션 데스크로 연결되는 ㅁ자형 구조라면, 2층은 그 ㅁ자형 중 절반인 ㄴ자 부분으로만 구성되며 용도는 본격적인 한식 레스토랑이다. 이곳에서 라궁을 찾은 이들을 위한 식사가 준비된다. 녹두전, 제주 생갈치구이, 소갈비찜 등으로 이어지는 한정식이 저녁 메뉴이며, 아침으로는 정성스럽게 끓인 죽이 제공된다. 테이블에 앉아 즐기는 식사는 창 너머로 내려다보이는 라궁의 운치 있는 전경 덕분에 그 맛이 두 배다. 라궁 관리동은 이처럼 한옥의 정서를 해치지 않으면서도 호텔을 찾은 이에게 설레는 기분을 느끼게 하는 특별함을 지니고 있다.

대청마루에 앉아 풍광 즐기는 객실

라궁의 객실은 총 네 가지 유형. 일반 객실로 누마루형과 마당형 두 가지가 있고, 스위트룸 또한 두 가지 형태가 있다. "누마루형과 마당형이 교차되면서 이어지도록 했어요. 누마루만 반복되면 외관상 모양이 좋지 않기 때문에 이를 보완하는 과정에서 호수 쪽으로 돌출된 누마루가 있는 누마루형과 상대적으로 마당이 더 넓은 마당형이 교차되도록 했습니다." 이 두 가지 형태의 객실이 반

시원한 대청마루에 앉아 공기의 흐름과 자연의 소리, 하루의 해가 기우는 빛의 변화를 감상할 수 있다.

복되는 양 끝으로 각각 스위트룸을 마련, 반복의 끝에서 약간의 변주를 주었다고 구가도시건축 조정구 소장은 설명한다. 각 객실 면적은 일반 디럭스룸이 23평, 스위트룸이 27평 정도.

이곳에서는 어떤 하루를 누릴 수 있을까? 먼저 체크인을 마치고 긴 회랑을 따라 위치한 객실로 향하면 카드 키로 철컥 열리는 현대식 문 대신 삐거덕거리는 나무 대문이 기다리고 있다. 현관에서 신발을 벗고 대청마루로 올라서도록 되어 있는데, 내부는 대청마루, 안방, 마당, 미니바, 누마루, 노천 온천이 객실별로 조금씩 형태를 달리하여 자리 잡고 있다. 깔끔하게 마감된 마루와 안방에는 라궁 특유의 금장식이 더해진 전통 가구가 놓여 있다. 소파와 침대 같은 입식 가구도 있어 시선을 끄는데, 이 역시 한식 스타일에 맞추어 디자인되었다. 입식 가구는 좌식 생활에 익숙하지 않은 요즘 사람들을 배려한 것이자 입식 문화였던 신라시대의 문화를 반영한 것이기도 하다고.

대청마루, 안방, 중정 마당, 누마루로 통하는 문을 모두 활짝 열어놓으면 집 안은 시원스럽게 한 공간으로 통한다. 창밖으로는 야트막한 산 아래 호수가 펼쳐지는 풍경이 눈을 즐겁게 한다. 이웃해 있는 경주의 관광지를 둘러볼 수도 있겠지만, 적막한 한옥 내부에서 아무것도 하지 않고 있어도 좋다. 복잡한 도시의 소음 속에서 잊고 있었던 고요의 미덕을 오랜만에 흠뻑 느낄 수 있는 시간이 된다. 물론 그 가운데에는 바람소리, 물소리, 하루의 해가 기우는 빛의 변화와 같은 자연의 흐름을, 듣고 보고 촉감으로 감지하는 경이로움이 보너스로 있다. 밤이 되면 호수에 비친 달을 감상하고, 마당에 마련된 노천 온천에서 별빛 아래 호사스러운 목욕을 즐길 수도 있다. 옛 임금에게 휴가가 있었다면 이런 것이 아니었을까.

삼부토건 류구현 상무가 말하는
놓치지 말아야 할 라궁 관전 포인트3

삼부토건은 국내 건설회사 중에서 유일하게 문화재 보수 면허를 가지고 있는 업체. 문화재 보수뿐만 아니라 국립민속박물관, 국립부여박물관 등 전통문화와 관련된 건물을 다수 시공해온 회사. 라궁을 포함한 경주 밀레니엄파크 전체의 기획과 사업 진행을 주도했던 삼부토건 류구현 상무가 라궁에서 놓치지 말아야 할 관전 포인트를 추천한다.

노천 온천

한옥 마당에 마련된 노천 온천은 라궁이 특별히 자랑하는 공간. 이는 일반 호텔에서도, 기존 한옥에서도 만나기 어려운 경험이다. ㅁ자형 한옥으로 둘러싸여 프라이빗하면서도 하늘이 열려 있어 이색적인 목욕 시간을 선사해준다. 여기에 공급되는 물은 삼부토건이 이전 경주 지역 사업 시 확보해놓은 지역 온천.

숙재헌

라궁과 마주 보는 언덕에 있는 두 채의 오래된 한옥. 이는 삼부토건이 과거 댐 공사 시 수몰될 위기에 처한 것을 옮겨놓은 것이다. 라궁이 현대적인 방식으로 지은 최신 한옥이라면 숙재헌은 시간의 흔적을 고스란히 간직한 낡은 한옥. 시대를 초월해 함께 존재하는 두 한옥을 비교해보는 즐거움이 있다.

신라밀레니엄파크

라궁에 머물게 되면 신라밀레니엄파크 전체를 무료로 관람할 수 있다. 신라시대 성골·진골 가옥 형태를 재현한 한옥, 수상과 지상에서 동시에 펼쳐지는 테마 공연, 성덕대왕 신종을 4.5배 크기로 재현한 형태인 에밀레타워 등 역사를 테마로 한 볼거리가 풍부하다.

"한옥을 현대적으로 진화시키기 위한 실험"
라궁의 시공 총괄 맡은 조전환 목수

이연건축의 조전환 대표는 집 짓는 일을 하던 아버지를 따라 중학교 2학년 때부터 한옥 짓는 일을 어깨너머로 익힌 인물. 경복궁 복원 작업에 참여하면서 본격적으로 한옥에 대해 고민하게 되었다. 이미 '유령'이 된 왕의 집을 만들기보다는 살아 있는 보통 사람의 집을 짓고 싶어 한옥 살림집을 짓기 시작했다. 보다 많은 사람들이 한옥 생활을 누리기를 꿈꾸며 현대적인 한옥 건축 방식을 계속 연구 중이다.

라궁에서 실험적으로 시도한 부분은?
모듈화된 설계를 바탕으로 기계의 힘을 빌려 현대적인 생산 방식으로 완성했다는 것이다. 이 같은 방식은 공사 기간을 줄이는 것은 물론 공사 시간을 단축해 한옥의 대중화와 현대화에 도움이 된다.

모듈화가 어떤 점을 개선해준 것인가?
나무를 짜 맞추어 만드는 한옥은 각 부분의 목재를 그때그때 대목이 다듬어 완성해간다. 그러나 우리는 모듈화된 설계를 통해 목재를 표준화하여 기계로 먼저 준비할 수 있었다. 전체적인 조립과 시공 작업을 한 번에 진행함으로써 기간 단축이 가능했다. 이는 한옥 건축 방식에서 의미 있는 실험적 사례가 될 것이다.

1백여 명의 목수가 참여했다던데?
목수 1백7명, 석공 16명 등 동원 인력 면에서는 흥선대원군의 경복궁 증축 이래 최대의 한옥 공사라 할 수 있을 것이다. 여기에 석공 명장 윤만걸 선생, 한지 작가 차현림 씨, 도자기 작가 강진명 씨 등 여러 장인과 작가의 솜씨가 더해졌다. 따라서 한옥 자체의 하드웨어는 물론 디테일까지 완성도 있게 나올 수 있었다.

건축가 조정구의 뿌리 내리는 집 이야기
아이가 구멍 낸 문풍지 사이로 가을 햇살이 들어온다
글과 사진 : 조정구

설치미술가 박실 씨의 가회동 한옥
찬찬히 들여다볼수록 감동하는 집
글 : 손영선, 사진 : 김동욱

한국 내셔널트러스트 김홍남 대표
묵향 은은한 한옥에서 펼쳐지는 인생4악장
글 : 이지혜, 사진 : 박찬우

학고재 우찬규 대표의 한옥 예찬
3대가 함께 사는 '삼호당'에서 자연과 더불어 사는 기쁨
글 : 김선래, 사진 : 이우경

푸드 코디네이터 황규선 씨의 서촌 일기
추억으로 시작해 희망으로 살아나는 집
글 : 이지현, 사진 : 박찬우

밝음을 안고 있는 마당, 단독주택 '함양재'
양옥 더하기 한옥, 한옥 곱하기 양옥
글 : 최혜경, 사진 : 박찬우

대구 삼덕동에 사는 외과 의사 임재양 씨
한옥 병원과 건강 빵집의 행복한 동거
글 : 이지현, 사진 : 박찬우

궁중음식연구원 한복려 원장의 원서동 한옥
내 어머니 부엌처럼 따뜻한 집
글 : 이지현, 사진 : 박찬우

김병종·정미경 씨 부부의 퇴촌 한옥 '함양당'
은행나무 아래에서 펼쳐지는 '행단일기杏壇日記'
글 : 이지현, 사진 : 이우경

부산시립미술관장 조일상 씨의 한옥
오래된 것에 대한 존경, 그 마음 가득한 시골집
글 : 김민정, 사진 : 이경옥

이텔리언 레스토랑 '나무와 벽돌' 윤영주 사장
가회동 31번지 무무헌無無軒, 지나가는 사람도 배려하는 마음
글 : 김선래, 사진 : 박찬우

기쁘고 즐거운 모임이 있는 곳, 가회동
전통은 지키되 진화된 한옥
글 : 이정민, 사진 : 박찬우

오옥순 씨의 아름다운 집, 오가헌五街軒
다섯 가지 아름다움을 즐기는 그곳
글 : 이지현, 사진 : 이우경

영원무역 대표 성기학 씨의 창녕 아석고택
꽃은 피었다가 지고 스러졌던 옛집은 다시 피어나네
글 : 손영선, 사진 : 이우경

하회마을 명문 고택 북촌댁
선대가 쌓은 덕을 후대가 공들여 잇는다
글 : 심의주, 사진 : 박찬우

가회동 31번지 미음 갤러리
대청마루에 앉아 북촌의 정취를 만끽하세요
글 : 김성은, 사진 : 박찬우

통의동 사진 전문 갤러리 류가헌
한옥에서 배운 더불어 사는 삶
글 : 김성은, 사진 : 이우경

소목장 심용식 씨의 청원산방
그 누가 창호를 빼고 한옥의 아름다움을 논할 수 있으랴!
글 : 이정민, 사진 : 박찬우

전통문화 체험 공간, 국민대학교 명원민속관
바람이 주인이고 사람은 객이라네
글 : 김명연, 사진 : 이우경

전통 가구를 집대성한 한국가구박물관
세계인의 박물관으로 비상하다
글 : 이정민, 사진 : 이우경

조주립 씨의 가회동 청춘재
한 번쯤 머물다 가고 싶은, 꿈꾸는 사람들을 위한 한옥
글 : 손영선, 사진 : 박찬우

아소재 엄윤진 씨의 자연스럽게 살아가기
'살기' 위한 집, 스스로 충만해지는 삶
글 : 전은정, 사진 : 임민철

부티크 한옥 호텔 취운정
흙을 밟고 사색하는 여유, 은둔하듯 기거하는 묘미
글 : 이정민, 사진 : 이우경

아름지기에서 지은 경남 함양한옥
전통과 현대, 한옥에서 어우러지다
글 : 이지혜, 사진 : 김성용

최초의 한옥 호텔, 경주 라궁
임금이 된 듯 누리는 하룻밤 호사
글 : 손영선, 사진 : 김덕창

한옥, 구경
엿보고 싶은 아름다운 한옥 스물다섯 집

글·사진	〈행복이가득한집〉 편집부
1판 1쇄	펴낸날 2014년 6월 5일
1판 4쇄	펴낸날 2020년 11월 30일
펴낸이	이영혜
펴낸곳	디자인하우스
	서울시 중구 동호로 272
	우편번호 04617
대표전화	(02) 2275-6151
영업부직통	(02) 2263-6900
팩시밀리	(02) 2275-7884, 7885
홈페이지	www.designhouse.co.kr
등록	1977년 8월 19일, 제2-208호
편집장	김은주
편집	박은경, 이수빈
디자인	김희정
채널영업	문상식, 소은주
제작	민나영
기획	행복이가득한집
글	이지현, 손영선, 이정민, 김선래, 김성은, 최혜경, 이지혜, 김민정, 심의주, 김명연, 전은정, 조정구
사진	이우경, 이경옥, 박찬우, 김동욱, 임민철, 김성용, 김덕창, 조정구
출력·인쇄	㈜대한프린테크

Copyright ⓒ 2014 by 행복이가득한집

이 책은 ㈜디자인하우스의 콘텐츠로 출간되었으므로 이 책에 실린 내용의 무단 전재와 무단 복제를 금합니다.
㈜디자인하우스는 김영철 변호사·변리사(법무법인 케이씨엘)의 법률 자문을 받고 있습니다.

ISBN 978-89-7041-624-3 13600

값 15,000원